成年人的
挑战

婚姻的真相

[美]鲁道夫·德雷克斯 ———— 著　　齐佩佩 ———— 译

开明出版社

图书在版编目（CIP）数据

成年人的挑战：婚姻的真相 /（美）鲁道夫·德雷克斯著；
齐佩佩译. -- 北京：开明出版社，2023.9

ISBN 978-7-5131-7874-7

Ⅰ. ①成… Ⅱ. ①鲁… ②齐… Ⅲ. ①婚姻—社会心理学 Ⅳ. ① C913.13

中国国家版本馆 CIP 数据核字（2023）第 056757 号

责任编辑：卓　玥　张慧明

书　名：成年人的挑战：婚姻的真相
出版人：陈滨滨
著　者：[美]鲁道夫·德雷克斯
译　者：齐佩佩
出版社：开明出版社（北京市海淀区西三环北路25号青政大厦6层）
印　刷：保定市中画美凯印刷有限公司
开　本：710mm×1000mm　1/16
印　张：17
字　数：216千字
版　次：2023年9月 第1版
印　次：2023年9月 第1次印刷
定　价：58.00元

印刷、装订质量问题，出版社负责调换。联系电话：(010) 88817647

新版序言

自本书出版以来,当时书中提到的某种趋势已然成为今天的常态。导致夫妻和谐瓦解,甚至威胁个体婚姻存续的冲突和紧张局势,无论是频率还是强度都呈现上升趋势。

尽管问题重重,但美国的家庭并不会走到解体的地步。很多夫妻对自己的性生活不满意,这一点不假;而且,他们也通常难以提供在儿童成长过程中促进其社会、心理及理性成长方面的激励和指导。而这恰恰可以说是婚姻的两大主要功能,于是现在很多人对婚姻这一制度的有效性表示怀疑,当然,这种质疑也似乎缺乏根据。

尽管家庭没有解体,但其面临的困境却无比严峻。这正是平等观念在民主演变的过程中导致的结果,可惜的是,传统观念还未做好相应的准备。作为民主环境下生存的必要条件,如何本着相互尊重的精神来解决利益冲突,我们对此几乎一无所知。相互平等地生活在一起已成事实,可是文化的失能却使我们在作为最亲密关系的婚姻中倍感伤痛。

在过去十年中,一个愈发显著的突出变化是,女性的发展呈现出新的模式。这一点给女性与男性、儿童之间的相互关系带来了深远的影响。总体来讲,大多数女性不再通过效仿男性来获取平等地位,当然也有例外。本书第一版问世时,女性接受男性化模式的趋势十分显著,该时期也正是人们广泛接受男性优越地位的时代。如今的情况却已大不相同。虽然男性始终希望被崇拜,但是女性已不再仰视男性,男性尊敬女性也愈发成为一种习惯。在生活中，已经比较难看到那种父亲说了算的家庭，但母亲说了算的家庭却比比皆是。

美国女性在十分努力地成为"好女人"。首先，我们要定义何为"好女人"。"好女人"已经不仅仅指传统观念上对女性所期望和要求的"单纯、贞洁和美德"。女性不再追求"贞洁"，但是就性自由和性许可而言，她们更想要的是适当、被社会认可以及无可指责。女性已经成为道德风俗的评判者、监察官和监督员，对男性以及整个社会的适宜行为推行着她们的规则。国家的性习俗很大程度上取决于女性发展和建立起来的态度和传统。当前，有些女人试着对男性提出忠贞和节欲的要求，而从前这些要求只针对女性；有些人则希望赋予自己和男性同等的，在其一生之中都能够享受到的许可和性自由。

过去，男人们独享政治和社会权利，因此他们依照自身的喜好和利益制定社会规则，女性不得不在"贞洁"这一条上遵守严苛的要求。如今，美德是女性的权利，也是女性的特权。在过去十年中，很少有男性会因为他们的妻子行为失当寻求婚姻咨询；而妻子对丈夫一方的不满却成为主流。如今，妻子们开始采用被社会认可的方式，抱怨丈夫们行为不妥。她们有时会觉得丈夫太被动、太冷淡、太孤僻，有时又会抱怨丈夫过于具有攻击性、专横跋扈。我们很少看到丈夫告诉妻子什么才是恰当的；却经常听到妻子反过来告诉丈夫应该怎么去做。人们期望女性应该完美、始终正确得当，这使得她们的丈夫和孩子都失去了变得更好的机会。越来越多的男孩们在成长中错误地认为，要成为一个真正的男人，就应该变"坏"或去打架。以前，男人们应该可靠、理性、强壮且值得信赖，而认为女性应当脆弱、柔软、情绪化，因而是不稳定、不可预测的。在某种程度上看，我们甚至见证了两性关系发展的相反潮流。如今，女性高高在上的局面初显，取代了过去男性的地位。当然，这并不是说，我们有回归母系社会的风险。在民主的演进过程中，没有任何一个群体能够始终占据着优势地位。混乱、摇摆不定只是新型关系探索过程中民主不断变化的结果，当然最终，将以人人平等为基础。

过去十年里，第二个逐渐显著的趋势是儿童的解放。如今成年人失去了对孩子的权力和权威，在社会上这一点越发明显，但孩子们却因此而获得了自由和自我决定的意识。可是，即便孩子们能够自由决定何去何从，却有可能发展不出责任意识。缺乏责任感的自由已经成为这个社会的一大普遍威胁。很多父母会真诚地带着不想做独裁者的愿望而对孩子听之任之。这种普遍的过度放纵的后果正让这个社会变得越来越令人不安。我们目睹了一个以严格和严苛作为手段来阻止青少年的任性和反叛的趋势。然而，无论放任还是严苛都无法解决问题。父母需要使用新的手段跟上孩子们的节奏，相互尊重，并把他们当作平等的人来看待。

在民主的环境中，若不具备两性相处的知识和技巧，家庭就会成为战场，被紧张、对立和敌意所占据。夫妻之间很难和平相处，随后孩子们被拖入战局，战火升级，婚姻关系岌岌可危。孩子们不但没有成为家庭的黏合剂，反倒成了一个几乎无从解决的破坏性因素。

本书尝试着概括出在民主的氛围下经营婚姻关系的新思路。同时还谈论了人们如何平等地共同生活。本书旨在提供一套在纷繁复杂的新社会中生活的婚姻指南，因为我们生活的新社会虽然布满焦虑与彷徨，但它也正从专横的过去朝着民主的未来迈步。

R. D.

于芝加哥

本书简介

写一本关于婚姻的书需要作者承担巨大的责任。关于性和婚姻的书籍浩如烟海,观点也汗牛充栋,可是,并非所有的书籍都对读者有益。人们更常见的做法是,只是阅读和思考他们自己的问题,却逃避做出行动的责任。

不过,用批判的眼光阅读还有另一层意义,即对书中的先决条件进行系统性审查,以便为问题找到有建设性的解决方法。本书希望读者可以带着这种目的进行阅读。

所有在爱、性和婚姻中出现的问题都可能会被看作汇聚到个体身上的社会、文化、政治、经济和心理过程的表达。只有理解这个过程,我们才能够找到这些问题的可行性解决方法。作者的专业背景使之更注重心理机制。但是,心理上的探索并不能让我们忽视那些会对个人产生影响的社会和文化条件,因为它们也是问题的诱发因素。本书旨在整合社会学和心理学层面的方法。

总览全书,读者能够明显感觉到阿尔弗雷德·阿德勒思想的影响。因为某些缘由,作者选择了阿德勒的个体心理学作为理解人性本质的基础。

首先,阿德勒对个体人格的解释、对每个个体独特的生活方式的认识,为今天的人们提供了最好的心理学技巧之一。由于生活方式代表了通常情况下每个人对生活的基本观念,所以,我们对个人由此而树立的目标和态度的觉察,就为我们理解他的所有行为、思想和情绪提供了基础。

其次,使用阿德勒心理学是由于其建设性和乐观主义。与其他心理学家相反，阿德勒将生活视作一个无止境的发展过程，而不仅是一次通向死亡与最终湮灭的徒劳旅程。只有在这样的观念下，我们才能够领悟到人类的进化，并感受到已经取得并还在继续的进步。

第三，使用个体心理学还有一个好处，个体心理学的观察和发现与目前社会学和政治学上的趋势相符。阿德勒心理学对人际关系的重要性有所强调；这一点比我知道的任何其他心理学在理解和解决社会问题上都更有用——毕竟所有的人类问题本质上也是社会问题；因为受问题影响的，绝不仅仅是一个人。所以理所当然地，性和婚姻的问题便要求夫妻二人合作寻求解法。

若本书澄清了问题、引导出了理解和鼓励，而且这个过程也伴随改变、发展和建设性行动的产生，那么本书也就达成目的了。

目录

第一章 爱是什么

情绪的功能 / 003

爱为一种情绪 / 005

性的功能 / 006

作为工具的性 / 008

浪漫的功能 / 011

爱的功能 / 013

爱是人生三大任务之一 / 014

爱的定义 / 015

第二章 两性之争

让人沮丧的爱——社会性问题 / 019

女性的社会地位 / 020

男科学家的困惑 / 021

主导性别的四项权利 / 023

特殊的性权利 / 024

女性保守的文化要求 / 026

男性优越的衰落 / 028

爱是战争 / 029

当前的混乱 / 030

性别魅力和骑士精神谬论 / 031

女性解放的文化意义 / 033

第三章 性的概念

性特征的社会基础 / 039

异装癖案例 / 040

对"优势性别"的模仿 / 043

两性的功能 / 044

性和社会秩序 / 046

性和宗教 / 047

儿童对异性的印象 / 048

儿童对性的恐惧 / 049

性的启蒙 / 050

儿童早期的性探索 / 052

爱的训练 / 053

青春期 / 054

性的三个功能 / 056

第四章　选择伴侣

无意识的人际沟通 / 061

配对满足了个人的秘密期望 / 062

过去影响现在 / 063

个人品位 / 064

美的意义 / 066

距离的产生 / 069

选择聪明的伴侣 / 070

给错误方向开"绿灯" / 071

缺陷的吸引力 / 073

生活方式的回应 / 078

吸引的真正原因 / 081

一见钟情 / 082

感觉只是可靠的仆人 / 085

理性是合理的选择依据吗 / 085

逃避婚姻 / 087

寻求完美 / 088

欲望vs真正的意图 / 089

反对婚姻 / 090

如何寻求正确的伴侣 / 091

纠正错误的选择 / 093

第五章　一起生活

社会生活的逻辑 / 097

合作的科学 / 098

对合作的两种态度：支持或反对 / 100

关系以互动为基础 / 102

逻辑价值vs心理学意义 / 104

否决比需求力量更强大 / 106

互不尊重的根源 / 107

亲昵阻碍友谊 / 108

威胁取代坚定 / 109

使用逻辑作为武器 / 110

需求取代了胜利 / 110

推卸责任 / 111

我们决定自己的回应 / 113　　精神很重要 / 116
婚姻不是天堂 / 115

第六章　嫉妒

嫉妒是爱的标志吗 / 121　　引起注意和获得权力 / 131
忠贞的问题 / 122　　报复 / 133
不忠的原因 / 124　　引起伴侣的嫉妒 / 133
男女之间存在"友谊"吗 / 125　　理解并帮助嫉妒的伴侣 / 134
对调情的解释 / 126　　嫉妒是一个精神学问题 / 138
嫉妒的目的 / 128　　克服我们自身的嫉妒 / 139
为缺点找借口 / 129　　改善，从自己开始 / 141

第七章　婚姻问题与冲突

人类问题的本质 / 147　　男性作为供养者 / 165
事实的主观性 / 148　　妻子的战略地位 / 168
婚姻冲突的背景 / 151　　激发新兴趣 / 171
性生活不协调的问题 / 152　　娱乐和参与社会活动 / 176
满足感要求双方一起调整 / 154　　失望的真正原因 / 178
态度比技巧更重要 / 156　　找到解决方案 / 180
爱需要持续呵护 / 158　　婚姻咨询服务 / 185
每个问题都是一个共同任务 / 160　　婚姻问题之离婚 / 186
对方的家人是相互的任务 / 160　　女性的社会地位 / 189
经济困境 / 164

第八章　生儿育女

计划生育 / 195

儿童的功能 / 197

父亲的功能 / 200

母亲的功能 / 201

母亲的不足 / 202

抚养孩子时的常见错误 / 205

对待孩子的正确方法 / 210

理解孩子 / 215

生活方式 / 217

家庭的星座 / 218

帮助孩子调整以适应社会生活 / 225

第九章　解决性别困惑

个体的力量 / 231

性的困惑 / 232

改变的方向 / 236

变化的夫妻关系 / 238

不道德vs新道德 / 239

性别困惑是世界困惑的一部分 / 241

社会向平等迈进 / 242

人类的统一与平等化 / 243

民主的生活 / 246

女性对进步的贡献 / 248

迈向新文化 / 250

明天的男性 / 251

一夫一妻制的挑战 / 255

建设性的态度 / 256

与性和平相处 / 257

第一章
爱是什么

我们也许真的懂得爱。每个时代都有歌颂爱情的诗人和歌者，也有攻击爱情的愤世嫉俗者和厌世者，还有试图诠释爱的心理学家和哲学家。没有人会否认爱的存在。我们这里只讨论爱是什么。因为只要有多少对爱人，就有多少种爱的定义。

爱情既然广为人知，那么关于其本质的解释却又为何有如此多的分歧？是不是爱在每个观察者面前都做了不同的乔装打扮？还是随着人们年龄的增长、文化的变迁，爱就改变了模样？又或者它可以根据恋人的性别、年龄或恋爱经历（或恋爱的解释者）而变得不同呢？

在考察爱情和探究其他人类现象的本质的时候，我们必须从心理学和社会学两个角度来看待问题。心理层面关乎个体的态度和目的，这一点基于个人的智商与情感发展。社会学层面则关乎整个社会群体的理念及习俗，每个个体都包含在其中。为了能客观认识爱情这一问题，包容的态度是必需的。本章，我们将首先探讨爱情的心理学层面。

从心理上来说，由于爱情被视为一种复合的情绪，我们可以从审视情绪的一般特征开始，然后再逐步过渡到爱这一情绪的具体特征。

情绪的功能

我们通常认为，情绪是由某种环境因素所引起的，受到刺激的个体会自然而然地产生某种与环境相适应的情绪反应。例如，对婴儿来说，如果听到巨大的噪音（如雷声）或是失去支持，就有可能产生恐惧的反应。结构精巧的成人心理，就建立在这一原始的刺激—反应的机制之上。如今，这种认为人类的行为构建于这一刺激反应机制的理论已被广泛采纳。

根据弗洛伊德[①]的理论，所有的恐惧都可以追溯至婴儿时期的"精神创伤"——即每个个体从温暖而安全的母体中被拉到这个冰冷世界过程中体验到的"原始焦虑"。弗洛伊德还提出了一个理论，认为恐惧和焦虑是受到压抑而无法正常发泄的性冲动引发的。这一理论虽然听起来有趣，看起来也有道理，却并不适用于解释恐惧的实际功能。很显然，每个人都会因为生理或心理的原因而需要恐惧的情绪。也就是说，恐惧能够让我们避开危险或不愉快的情况。从目的论的角度来讲，任务恐惧有益，不但能让人们更好地理解其中包含的心理机制，而且为我们更好地帮助个体去理解自身恐惧以及更合理地应对恐惧提供了途径。恐惧的目的可能并不是容易分辨的，特别当人们在常识和逻辑上无法为恐惧的合理性辩护的时候，例如，想象中的危险和不合理的情感上的忧虑。但是，心理学上一项针对该情况的深入研究显示，恐惧具有非常确切的目的，即刺激个体对可能暗示着危险的情形切换防卫状态，这种危险不仅危害身体健康，往往还会威胁到其声誉和社会地位。

所有的情绪都有明确的目的指向，但成年人情绪背后的意图却并不明显，且常常被复杂隐秘的心理结构所遮盖，实际上，个体会主动地选择某种情绪，但人们很难意识到这一事实，因为我们一旦发现了情绪的目的，它的功能就失效了。因此，从心理学的视角来看，我们有必要承认，人类其实很难控制自己的情绪。情绪能为行动做准备和支持，或者使我们拒绝

[①] 西格蒙德·弗洛伊德：《精神分析引论》（*Introductory Lectures on Psychoanalysis*），Boni & Live-right，纽约，1920年。

行动。每个行为都是心智和情感驱动的结果。在思想上，我们会衡量未来行动的利弊得失，而因果和逻辑关系也允许我们，甚至要求我们认识到每一项行动的优势和阻碍。然而，我们经常难以做出决定，因为利弊时常是相当的。为了采取确切的行动，我们必须一再强调所选方向的显著价值。这时我们就会诉诸情绪，我们需要情绪来佐证我们的决策，并应对那些在逻辑上令我们退却的障碍。没有情绪，我们可能无法说服自己采取行动。因此，我们选取那些有用的情绪，在生活中用以维持并加强我们的基本方向。

爱为一种情绪

现在让我们将话题转到爱上来。像恐惧一样，爱也是有目的的吗？反对这个观点的意见恐怕会有很多。我们从小就被教导，爱是当个体遇到了命中注定的那个人时会自然发生的事情。大多数的文学、电影或其他的艺术形式的作品，都给爱蒙上了一层更加神秘的面纱。当我们说起"坠入爱河"和"失去爱情"，就仿佛是在说我们被什么看不见的东西绊了一跤，几乎都是在谈论一种出人意料、无法解释的巧合。的确，爱情往往给我们留下意外的印象。我们会毫不犹豫地说爱是永恒的、不计回报的、遗憾的、幼稚的、包罗万象的或者盲目的，就好像爱本身就包含许多类型，而不是陷入爱情中的人千人千面。爱难道真是某种神秘力量作用在两个萍水相逢的人身上的结果吗？我们当真只是被动的爱情媒介吗？

让我们将目光暂时转向性驱力，这是我们谈到爱这一复合情绪时，被认为"最难控制"的部分。如果能够证明，即便最基本的官能性欲也受我们所控，以适应我们的目的，或许我们能更容易地接受爱本质上是有目的性的。

性的功能

长久以来，我们很遗憾地一直通过类比动物的性来解释人类的性欲。甚至语言上的习惯也证明了这一点。让我们看看下列这些词语的使用：wolf（本义为狼，引申义为色狼或花花公子）、(gay) dog（本义为狗，引申义为令人讨厌的浪荡同性恋者）、lion（with women，原义为狮子，引申义为性主导者）、bull（本义为公牛，引申义为奸夫）、古英语cuckold（cf.cuckoo，本义为乌龟，引申义为被戴绿帽子的男人）、西班牙语中的cabron（本义为公山羊，引申义为出轨的男人）和很多语言中的bitch一词（本义为母狗，引申义为荡妇）。我们好像随时可以用原始的、本能的、类动物的冲动来对我们的性行为加以解释（或是责备及原谅），也就是说，我们能够"控制的程度"，取决于我们"文明的程度"。可惜的是，除非我们无法忘掉以下的生物学事实，这种论调才能够被我们自己合理化：

第一，动物的性受到物种和性别的限制。而人类的性行为并非如此。仅举出兽奸和同性恋的例子就能证明这一点。

第二，动物的性受到时间限制，雌性动物有发情期。即雌性只有在发情时才为爱做好准备，而雄性只会被渴望的雌性动物唤起。然而，成年人类则不是这样，从生物学上来讲，成年人类随时可以发生性行为。

第三，动物的性欲依靠性腺存在并受其功能的限制，阉割会导致无性动物。而人类即使在青春期后切除了卵巢或睾丸，性欲也极少产生变化。而且人类在青春期性功能成熟之前，以及更年期性功能衰减直至消失之后，仍然会产生性兴奋。

第四，动物的性不仅受到限制，还有冲动的特点。雄性动物的性冲动一旦被唤起，就必须发生性行为，且这个性行为只能通过强行阻断才能停止。

当然，也许有人会通过观察某些动物的性行为而得出的依据来质疑以上事实。但需要注意的是，那些在性行为上表现得与人类更相似的动物实际上也受到了人类特征——即紧密社会关系的影响。家畜家禽和群居的动物与其他物种之间存在诸多方面的不同。我们发现，那些最不受性限制和性冲动影响的物种，恰恰是群体生活最为密切的物种，如蜜蜂和蚂蚁。这些物种已经达到了对性完全控制的程度。依靠自己的努力，这些物种能够决定后代的性别，而且作为动物界的唯一例外，仅仅通过饮食就能够制造出无性生命，如工蜂。

灵长类动物、猿和猴子在性方面与人类更为相似。它们的性欲像人类一样，没有固定的发情期。这些物种能够摆脱发情期，是由于它们的需要主导动机的结果，与荷尔蒙决定的性行为具有不同的动机。① 只要这种主导欲望在这些动物间一直活跃，我们就能观察到它们在任一性周期内都能产生性行为。由此，猴子间的同性恋行为也并非性异常或性变态。这恰是主导和服从的表达，而这种主导行为并不因为性别不同而存在差异。

很明显，我们人类在表达性欲的过程中，也并未被生理周期限制或控制。人类在掌握了对自然的控制之后，就开始从自身的自然冲动中独立出来。我们在性方面是多种多样的，无论什么年纪，也无论我们性腺状态如何，都可以产生异性恋、同性恋和自慰行为。而且只要我们自己愿意，我

---

① 亚伯拉罕·H.马斯洛（A. H. Maslow）：《个体心理学与猴子和猿的社会行为》（*Individual Psychology and the Social Behavior of Monkeys and Apes*），《国际个体心理学杂志》，第1卷，1935年。

们可以选择不进行性行为。

我们已经有许多理论来解释人类如何调节基本的生理冲动，在众多理论中有一点已经达成共识。那就是，在个体发育过程的某一阶段，他经历的某些体验最终形成了他未来的性表达方式。这些体验被看作"固着于"他的"力比多"而造成的精神创伤，或是对其"先天性冲动"进行"调节"的刺激。不管是哪种情况，我们都认为个体会对其所处环境做出反应。

这种观点比较省心。一旦有人接受了这一观点，他就能为任何形式的沉迷行为找到理论依据——一个人过去所遭受的某种性层面的"创伤"经历成了唯一的先决条件（而谁又没有创伤呢），但是这样的解释也留下一个难题，那就是许多人在儿童期和青春期都可能会遭遇相同的性经历，但最终因此成为性变态者的却寥寥无几，而且在这些少数性变态者中，没有任何两个完全相同的性行为模式。

作为工具的性

结论现在已经很明显了，在性行为的模式上，其他的决定因素一定也存在。有没有一种可能，正是我们自己选择了自身性表达的形式？而这样的选择恰恰反映了我们利用性达到某个确定的目的？下面的案例也许可以帮我们找到答案：

> D夫人，54岁，抱怨她60多岁的丈夫性欲太强，而她自己的性欲已然大大减退。D先生几乎每晚都找她亲热——甚至比过去更频繁。她老公坚持说，他无法控制他的冲动，而且她有责任满足他的要求。

D夫人得到的建议是，不仅要同意她丈夫的需求，而且要比他表现得更热情，提出更激烈的性要求。她带着几分疑虑接受了这个建议。之后她说，她在行为上的变化让她的丈夫十分惊讶。一开始他有点不知所措。然后，她越热情，他就越退缩。最后他阳痿了。

很明显，我们在这个案例中要面对的不只是性冲动的问题。不然，妻子的行为不会导致丈夫的阳痿。事实上，这对夫妻在竞争主导地位，而丈夫在"权力斗争"中使用他的性能力。婚姻的基本问题不是性，因此通过上面的策略并无法解决。但这个案例也提供了一个将"性"作为工具使用的例子。我们会根据性在达到我们基本目标中所起到的作用来选择性表达的模式。①

如果接受这一论点，那又如何解释自己在性行为中说不清目的这一实情呢？难道，我们是因为不想承担自身行为的责任，才把自己看成是自身冲动和情绪的被动受害者吗？在根本意图合乎良心的前提下，我们就会完全对自己的行为负责，但是有时候我们其实无法调和意图与良心。此时我们只会拒绝承认我们的意图，且企图动用情绪以证明自身行为的合理性。下面的案例可能会帮助我们理解这一观点：

约翰·B陷入了"热恋"。他对爱丽丝充满激情，以至于根本不能顾及其他事情。遗憾的是，她没有回应并拒绝了他的求婚。但约翰是那种一定要得到自己想要的东西的人。所以他坚持不懈地追求她，恳求她。可是女方始终无动于衷。然后约翰陷入绝望，威胁说要自杀。这

---

① "从一个人如何处理爱和性的问题，我们就可以更好地了解某人的性格。"亚历山德拉·阿德勒（Alexandra Adler）：*Guiding Human Misfits*，The Macmillan Company，纽约，1938年。

时她软弱了,这难道还不能证明他有多爱她?于是她嫁给了他。

可是婚后,约翰对爱丽丝失去了兴趣,开始忽视她,也开始在性上对她冷淡。当她声泪俱下地控诉他不再爱她时,他告诉爱丽丝他也控制不了自己,因为他不再处于恋爱状态了!于是他们离婚了。

接下来,约翰几乎是马上就发现自己再一次"爱上"了爱丽丝。没有她,他活不下去了。现在他是的的确确爱着她。而且比之前更加强烈地追求她。于是为了逃避约翰,爱丽丝嫁给了别人。

约翰此时遇到了真正的挑战。他再次坚持要爱丽丝嫁给他。他开始威胁爱丽丝新任丈夫的生命。为了保护他不受约翰的伤害,爱丽丝和他离婚了。如今约翰的追求更加热烈。他向她保证,离婚已经给他狠狠上了一课,而且他需要她,他已经"改过自新"了,他现在的爱深沉而又永恒。所以他们复婚了。

难以置信的是,不久之后,约翰再次冷落他的妻子,当然这不是他的错。因为他又莫名其妙地失恋了。

很显然,我们的男主角所关注的并不是建立令人心满意足的恋爱关系,而是为了证明只要他愿意,他就能在任何时候让一个女人爱上他。一旦目的达成,他就会对她失去兴趣,直到他对她的占有欲被重新激发出来。这并非爱,而是他想让女人为自己效劳的欲望的激励。把他的这种兴趣起伏归咎于爱这种情绪多么便利,因为爱本身就是莫名其妙的事。

现在我们来探讨一下被称之为爱的这种复合情绪。这是否说明,是我们自己决定了爱的方向,甚至是爱本身的存在呢?我们也会像利用性来达到根本目的那样来利用爱呢?

浪漫的功能

如今，爱的目标变得有些奇怪。每个人为自己设定的目标较少实现这件事就可以证明这一点。我们之中，有多少人在爱中真正找到了自己所想象的终极幸福呢？又有多少人在爱情中面对失望而妥协？那些艰辛地等待爱情降临的人，又会怎么样呢？还有那些老于世故的人，他们冷笑着宣布他们的发现，爱情是一种虚幻的东西——多么令人又爱又恨的发现，就像宣布圣诞老人其实不存在一样，他们又能得到什么呢？

从某种意义上来说，我们对于爱的观念，的确与那个每年到访一次，还带礼物给我们的神秘"欢乐老头"存在很多相同点。只要我们乖乖听话，带着激动的期待合上双眼，圣诞老人就伴随着欢乐的铃铛声、驯鹿的蹄声和纷纷扬扬的雪花，送给我们礼品和奖励。当然，如果试图去追问他的来历和去向，圣诞老人也不会理睬我们。

浪漫的爱情是一个很难割舍的观念。恋爱中的人始终期望自己的心被狂风暴雨般的爱所震撼。我们渴望自己的心灵被某种神秘力量攻击、占有，以对抗自身的无力。我们不愿舍弃这种想法，正是在于放弃这一念头就好像意味着抛弃了童年的秘密。**对许多人来讲，真爱的标准总是掺杂着些许不幸福作为配料，比如一点儿头痛、一点儿失眠、还有一点儿心烦意乱。此外还有一丝丝的嫉妒**（太多就会毁掉美味佳肴），如此我们就获得了浪漫爱情的神秘配方了。又有谁敢去质疑这个配方的价值呢？我们不是看着它在电影、广播、电视连续剧、杂志和周末报纸副刊中那些令人吃惊的作品里，一次又一次地被证明了吗？

这样的爱情又该如何与我们追求的那种爱相比较呢？如果我们的胸膛和腹部没有持续体会到那种奇妙的感觉，没有产生强烈的想要和爱人在一起的渴望，那要如何确定我们真的是在恋爱？当我们看到两个人和谐地一起生活，表现出来的不过是忠诚、责任和归属，我们会认为他们不是恋人，而是"配偶"。我们会说，他们已经不在恋爱的浪漫时期了，或许这还会让我们对他们透露出些许遗憾。那些如唐·璜般的浪荡子们和那些风情万种的女子们多么让人兴奋呀——他们喜欢处处留情，并且炫耀他们的罗曼史来收获朋友们的肯定。

在生活中留意那些众所周知的现象，会让我们怀疑，可能浪漫跟我们想象的不一样。否则的话它就不会如此频繁地给我们带来心碎、痛苦和失落了。试想想暗恋那迷人的浪漫，或见证那偶尔发生的爱情，两个勇敢的爱人面对全世界的敌意时情比金坚，可当所有的反对散去，他们却无可奈何地发现，爱也随之消失了；又或者去想想，最不被大家看好的爱情却往往是人们最渴望的那种——没有人期待会和浪荡子幸福地结婚，却依然有人渴望遇到这样的爱情……从这些现象中我们可以得出下面的结论：**浪漫的爱只是一种帮我们抵挡常识和准确判断的刺激情绪**。形成这种情绪，似乎只是为了模拟那种在现实生活中根本无法实现的承诺。这是灰心之人的白日梦，他不相信自己未来能够幸福，于是寻求不现实的快乐，以缓解他的绝望。

还有其他形式的爱存在吗？它是什么样的？它会因我们放弃了浪漫爱情的想法而回报我们吗？

爱的功能

就像其他的情绪一样，爱也是为了支持个体的根本目标而存在。爱存在与否、爱的方向和程度以及爱持续的时间，在任何案例中，个体对自身和另一半之间关系的态度都对此有决定性影响。因此，对于那些社交兴趣很强的人，爱应该是他对另一个人作出的最大的贡献，给予另一半他拥有的一切，包括他自己。爱可能是一个人渴望归属感的最诚恳的表达。

但是对那些缺乏社交兴趣的人来说，爱就变成了一种敌对的工具，并且会增加他远离群体的愿望。正是这种对爱的滥用，我们才能从轻率或禁忌之爱中发现热情，甚至发现暴力。因为我们需要强烈的情绪，来压抑我们的常识和良知，使我们得以拒绝承担对群体的责任。个体越强烈地反对社会生活的逻辑，就越要找到令人信服的托词来证明其合理性。还有什么比"让人无能为力"的爱的力量更好的借口吗？

如果承认了我们是根据自己的根本目的选择爱的方向，那意味着，我们甚至能够决定要不要陷入爱情。当然了，这通常是我们根本意识不到的决定。

意识到自己恋爱了是一个心理学上相当重要的时刻。它的特征为：一种自我奉献和接受对方的强烈渴望，对对方显示出持续的、专属的兴趣，以及渴望和对方在一起。

如果我们对对方的态度发生了改变，就会威胁到爱的存在。如果个体遭遇的强烈挫折削弱了我们的社交兴趣，我们就会对之前忽视的影响因素变得敏感，也正是在此刻，我们发现梦幻般的爱失去了光泽，而开始去寻找值得我们的爱的某种完美，这个完美才值得我们去爱。

因此，爱取决于恋爱者的意图。如果他们的目的是共同成就的协作，那么此时的爱就是祝福，美妙得如同灵魂深处的诗歌。如果他们在合作中表现出气馁、怀疑和退出，那么爱就会成为魔鬼的工具，毁灭我们的责任和体面。"只有勇敢的人才能体验真爱。"[1]

爱是人生三大任务之一

因此，爱对个体来说意味着什么，取决于他在整个人生状况中如何运用爱。爱是一项任务，作为人类社会的一份子，我们每个人都需要面对。爱的任务与人生的另外两大任务，即工作和与他人和谐相处之间密切相关。生活上的成功就意味着顺利解决这三大任务。这些任务全都需要社会情感和勇气，以及对于合作的准备。好丈夫通常也是好职员和好伙伴。另一方面，那些逃避爱情和婚姻的男人也很可能同时是一个懦夫，在社会生活的其他方面往往也做不到勇往直前。

但是，这三大人生问题之间的相互作用，有时也会呈现矛盾。有些人会利用其中一项任务来对抗其他义务。某人会陷入爱情的纠葛，以至于无暇顾及职业发展，错误地用爱去逃避解决其他的人生问题。或者，某人可能会沉迷于工作，以避开任何异性关系或是社会接触。误用的爱情有成千上万种方式干扰生活。就算是相当幸福的婚姻，也可能会偶尔成为两个个体逃避社会融合的愿望的体现。在爱情的领域内，爱的某个要素也会被用

---

[1] 厄文·维克斯伯格（Erwin Wexberg）：《性心理学》（The Psychology of sex），Farrar & Rinehart，纽约，1931年。

来摧毁其他的要素：某人在性上的吸引力可能会阻碍别人对他的理解和友情。尽管在以上各种情况中，我们似乎都体验到了"爱"的感觉，但是几乎每种方法都妨碍了和谐关系的产生。

爱的定义

现在我们应该知道，为什么我们无法对"爱是什么"这个问题给出令人满意的答案了。从科学的观点来讲，我们必须在"爱情"这个术语中融入两个异性之间所有情感上的吸引力，从微不足道的同情到深入骨髓的奉献，无论是否出现了明显的性欲望。但我们也必须将性吸引力考虑在内，而不管对象是异性还是同性。当然了，这样一个宽泛的概念也许没有什么实际价值。我们其实无法客观地决定，哪一种爱是真诚的，哪一种爱又是虚伪的；哪一种爱是真实的，哪一种爱又是想象的——作为一种情感的爱是相当主观的。人们把爱情称为一种强烈的渴望情绪，而不管它被创造在忠诚还是主导之上，是天堂还是地狱，是幸福还是苦难。

为什么如此多的人误用或者根本不用他们"天生的"的爱的能力？为什么这么多人失望、难过？为什么和谐、令人满意的婚姻变得越发稀有？要回答这些问题，我们必须探寻其背后的社会因素。接着我们就可以期待这样的答案：一个无可争议的事实是，**我们中大部分人对自己和其他人都缺乏信心，而没有信心，就很难有建设性的爱**。很明显，我们没有做好爱的准备，而被许多人称为爱的东西，一定不是爱。

本章要点回顾（最触动你的文字有）：

第二章
两性之争

让人沮丧的爱——社会性问题

成千上万人饱受爱情之苦，无数人被妒忌包围，对伴侣灰心失望甚至厌恶至极，他们在无趣的婚姻中感到不幸，或被彻底的孤独、无爱抛在一旁。这种情况无法简单地用某些个体的适应不良来解释。任何时候，当一个问题涉及庞大的人口，我们就必须追寻更深层的原因，要么关乎社会结构，要么归咎于在不同程度上对所有人都产生影响的其他不幸状况。

因此，单个男性和女性的婚姻问题往往在其性别上很有代表性。由于身份认同的一致，X先生的婚姻难题，以及琼和男友之间的龃龉往往也代表着两性之间的普遍冲突。即使有些人否认所谓的性别之争存在，他们自身却也很难避免被卷入其中。其他意识到这一点的人也极少能认清这场战争的真正原因。两性之争，是由男女间天生的生理和心理上的差异引起的吗？还是当前社会生活中的普遍焦虑造成的？

任何地方，只要存在男人和女人，似乎天然就会产生敌意，这恰是产生分歧和战争的原因。自人类诞生，相思、嫉妒、通奸几乎也相伴而生。只是发生的频率和造成的影响是不断变化的。我们完全有理由相信，在过去的时代，比如一两百年前，男女之间要比现在亲密得多，也更满意对方。如今，性生活不满与婚姻失调较从前更加频发，不同国家和地区的两性冲突呈现出显而易见的差异。表面看来，这些差异似乎是由种族或地理因素造成的。在婚姻问题上，盎格鲁-撒克逊人与拉丁人不同，欧洲人与中国人也不一样，基督教徒与伊斯兰教徒相差甚远；然而，在比较这些差异时，我们逐渐发现，在确定问题的性质和类型时，一个决定性因素无处不在，即妇女在各个国家的社会地位。此外，婚姻冲突的激烈程度或产生频率的激增，都与两性社会关系的显著变化相吻合。

女性的社会地位

就在我们思考这一问题的瞬间，女性的社会地位都在悄然发生变化；如果要对这些变化带来的影响做一个准确的评估，我们就必须理解这些变化的本质和方向。很显然，现在的女性不再如过去那般依赖男性，并且也享有比从前更多的权利。很多男性，甚至那些坚决认同男性性别优势的女性也认为，女性独立是一切麻烦的根源。他们坚定地认为，如果妇女恢复到半奴隶制的地位，而不再拥有如今的社会自由、性自由和职业自由，人们就能重获幸福婚姻，两性之间就能恢复和平。这一观点的倡导者鼓吹女性在生理方面的劣势，且认为目前日益增长的性别平等违反了自然规律，将会带来灾难性的恶果。

他们会提及女性在身材和肌肉能力方面的体格弱势，还特别强调，女性大脑相对较小足以证明女性天生就是从属性生物。莫比乌斯认为女性有"生理上的低能"[1]。崇拜"超人"的哲学家尼采《查拉图斯特拉如是说》中称："你去找女人？不要忘记你的鞭子"。最近，德国人类学家瓦尔代耶表示："大量测量和统计数据证明，她（女性）的大脑更小，体力更弱，成年后保留了更多的婴儿期和童年期特征等。因此，为建立两性之间的完全平等、向女性开放男性享有的所有活动途径所做的一切努力都是错误的，并且将

---

[1] 保罗·尤利乌斯·奥古斯特·莫比乌斯（Paul Julius August Moebius）:《论女人的生理缺陷》（Über den physiologischen Schwachsinn des Weibes），C. Marhold，哈雷，1901年。

被证明是失败的。"①

然而，历史证明这种女性性别劣势的观点很不公正。这一论调的鼓吹者要么否认女性并非始终都是从属性别，要么根本不知道这一点。

男科学家的困惑

人类有过女性居于统治地位的文化阶段。遗憾的是，提到母系社会时，在有关女性统治的范围和时间上，我们却缺乏明确共识。虽然听起来不可思议，但科学家们经常会对有关女性统治社会的相关证据做出错误解读。当前意见混乱不一，唯一的解释就是许多科学家对此问题的偏见态度。在解释显而易见的事实时产生分歧，而这一分歧如同母系社会与父系社会组织之间的差异一样古老，就像希腊的历史学家惯于叙述埃及的历史事件，雅典人困惑于斯巴达的情况时都会犯下同样的错误，并在无意间进行了相似的歪曲；这些生活在男权社会的男性也根本无法理解母系社会的情况和风俗。

这一点古时如此，如今亦然。巴霍芬（Johann Jakob Bachofen）②于1861年出版他的处女作《母权论》时，揭示了此前从未被认识的社会关系。19世纪末还诞生了大量有关母系文化的科学著作，描述了女性统治下的古代社会和原始族群。在女性解放日益发展的时代，这一社会学研究仍在继续。20世纪初，历史学家、社会学家和人类学家的观点发生了彻底的扭转。爱德华·韦斯特马克（Edward A. Westermarck）③是现代思想中这一变化的主

---

① 瓦尔代耶（Waldeyer）:《两性的身体差异》(*The Somatic Differences of the Two Sexes*)，埃森市德国人类学协会开幕词，1944年。《科学》，第103卷，1946年。
② J.巴霍芬（J.Bachofen）:《母权论》(*Das Mutterrecht*)，Krais and Hoffmann，斯图加特，1861年。
③ 爱德华·韦斯特马克（Edward Westermarck）:《人类婚姻史》(*The History of Human Marriage*)，The Macmillan Company，纽约，1921年。

要倡导者。几十年来，美国人一直认为谈论母权制很不科学。可奇怪的是，至少在法西斯主义①兴起之前，欧洲的科学家们还未产生这种倒退，主流社会学家在纳粹主义兴起之前，也始终承认母系文化的存在。他们的出版物几乎不为人知，在当代的美国研究中也很少被引用。罗伯特·布雷福特（Robert Briffault）②努力恢复之前被嘲笑观点的科学尊严。自从他与韦斯特马克公开发生争执后，母权制才再度被允许讨论。③

---

① 瓦尔岱耶（Waldeyer）声称"实际上女性一直保持在比男性低下的位置上"。
② 罗伯特·布里福尔特（Robert Briffault）:《母亲》（The Mothers），The Macmillan Company，纽约，1927年。
③ 目前大多数著名社会学家和人类学家依然否认人类族群曾经被女性统治过。在这一领域广为认为罗伯特·罗伊（R.H.Lowie）[《原始社会》（Primitive Society），李佛莱特出版社，纽约，1920年。]强调"没有真实的母系社会的例子"，并称女性从来都不是统治者，而布里福尔特、玛蒂尔德（Mathilde）和马赛厄斯·瓦汀（Mathias Vaerting）[《主导性别》（The Dominant Sex），G. Allen and Unwin，伦敦，1923年。]以及其他学者则报告了大量相反研究结果。罗伊和一些知名人类学家忽略远古社会，而在这些远古社会中，如克里特文明、斯巴达时期和早期古埃及等历史时期，女性曾占据广泛的主导地位，如他们的主要研究对象是当代的原始社会，事实上，在这些社会中，也有许多母系社会结果的典型案例，如母系支配的亲属关系、母系支配的居住方式、舅权和其他相似情况。在叙述这些情况时，他们不承认这些罕见的女性特权恰恰表明了母系统治的程度和历史时期。
我们不得不认同罗伊的观点，即"社会现象并不简单，因而一种情况在不同领域产生的结果，也会由于其中未知因素的不确定而产生相当大的差异"。[《普通人类学》（In General Anthropology），法兰兹·鲍亚士（Franz Boas）编著，D.C. Heath & Company，波士顿，1938年。]但是，结果所呈现的形式和结构的多样并不应成为对母权现象基本依据的认知障碍。鲁思·本尼迪克特（Ruth Benedict），尤其是玛格丽特·米特（Margaret Mead）的著作似乎可以引发人类学思想的新动向。他们的研究结果与我们对人类行为心理学观察的结果更为一致。"人类学家的理论是'似乎有理的假设'，这是深入研究了各地的原始人之后所得出的结论。然而，其研究结果的多样性和结果中的普遍的矛盾，使人们难以无条件地认可任何一种理论。"巴贝尔（Baber）[《婚姻与家庭》（Marriage and the Family），McGraw-Hill，纽约，1939年。]对该情况做出了判断。于是，每个普遍化的情况似乎都无法为其合理性做证明。例如，有种时常被谈及的说法，即母权总是高于文明社会的父权，或者真正的母权并没有存在过，可之前又称，多种社会条件下，仿佛一切社会组织类型都是有可能的。
显然，与母系社会相关的科学观点总是出现分歧，在一个地方被采纳的观点在另一个地方被排斥，昨天认为可靠的观点，转瞬间就被视为谬误，明天可能又会被大家认为正确。这是一个有意思的问题，即科学理念的这些变化，是否仅仅是新科学发现了先前科学的过时母系社会中的两性关系不仅本身很有意思，并且能够为我们理解今天存在的情况提供重要的线索。从我们对母系社会的了解来看，如今社会涉及性和婚姻的冲突可以从不同的角度来理解。在当今社会中，男性独有的职能和权利，都能被看作仅仅是主导性别的社会功能，而在特定条件下，女性也的确曾经拥有着在我们当前的社会文化中所有那些归于男性的权利和特权。"所谓的男性优越没有生物、精神病或心理学上的根据。现有的一切'优势'只是单纯的经济条件的功能（我们更愿意用'社会'这个词）。"[1]

观察在密切集体关系中生活的圈养动物，就会发现类似的情况。"在猴群中，通常最强壮的猴子占据整个笼子，且主导所有的性行为，而且，无论是雄性还是雌性处于领导地位时都是一样。如果雌性是最强壮的，那么她的性行为就会像雄猴一样。"[2]

主导性别的四项权利

一种性别相对于另一种性别的优越性，主要体现为某些特权。这些特权通过某一性别占据主导地位，从而在包括政治、社会、经济和性权利等方面建立起来。

内容？或者是否反映了科学家们实际上并不比其他社会群体成员受到社会的影响更少？与此相近的是，如今众多科学领域（如人类学和社会学、历史学、精神病学和心理学，甚至物理学）中混乱而冲突的观点，揭露了科学研究的相对性，反映出的更多是个别科学家的观点，而不是那也许并不存在的绝对真理。是否可以假设，科学家之间观点的混乱，实际上反映了整个文化时代和社会的混乱？

[1] W. 贝伦·沃尔夫（W. Beran Wolfe）：《女人最好的岁月》（*A Woman's Best Years*），Emerson Books，纽约，1935年。
[2] 参见第7页"亚伯拉罕·H.马斯洛（A. H. Maslow）"。

直至一百多年前，政治权利一直都由男性牢牢掌握。在男权社会，女性作为统治者的情况是极其罕见的例外，而且只有在封建社会组织中的某种特定情况下，这种例外才可能会出现。除此之外，女性则完全被排除在政治和行政部门之外。

社会权利与政治霸权相一致。女性不具备任何社会权利，唯有通过完全依附于丈夫、父亲或兄弟，女性才能获得她们的社会特权。女性的社会地位也会随着她所依附男性的社会地位的变化而变化。

任何社会地位都可以通过婚姻获得。如果女性是独自一人，那么她什么都不是，但是，如果她依附男人，她可以成为任何人。

女性的经济地位也与她的社会依附地位一样。她没有任何经济权利。她只能为男性服务，不是在自己家里操持家务，就是在其他人家里充当仆役。女性无法继承或拥有财产。她的收入全部归于她家庭的主人。而男性则可以单独拥有财产、签订合同、提起诉讼或被起诉。[1]

特殊的性权利

主导性别还拥有被称为"性权利"的特权。"性权利"这个术语看起来似乎难以理解。每个人都有结婚、恋爱、满足他/她的性欲望的"天赋"权利。此外还可能有什么其他性权利吗？确实。因为使用这些"天赋"权利的方式有着极大的重要性。这些方式的背后，有明确的准则来指导着每种性别的行为。而某些特权则是专属于主导性别的。也就是说，只有主导性别拥有

---

[1] 拉伊·E. 巴贝尔（Ray E. Baber）:《婚姻与家庭》(*Marriage and the Family*), McGraw-hill, 纽约，1939年。

选择、接触、赢得配偶的权利，以及滥交的自由。

在极端的男性统治时期，女性仅仅是男性发泄性欲的工具，是属于他们的财产，而且还没有数量限制。男人一夫多妻被看作是自然的，而女性只能被迫献身于一个男人。在伊斯兰教文化中，甚至是近代以前的中国，都被证明仍处于极端的男权统治之下。

母系社会的情形则有所不同[1]。女性掌握着政治权利。她们是自己婚配和子女社会地位的决定因素。男人入赘到女性的家族，孩子们继承母亲的姓氏。在历史上某些时期，女性垄断着社会上的重要职业。女性代表且体现着该群落的智慧和能力。人类在文化上的第一个重大发现很可能要归功于女性。女性很有可能最早发现了火的用途，还发明了烹饪、制衣、织补和裁衣。我们通常认为女性首先创造了农业并投身其中。而男性则处于从属地位，充当着那些智慧而有能力的女人的仆人和帮手。他们的主要职责是打猎和保卫家园。这些职业也许暗示着，女性不该暴露到相应的危险之中。而女性则要从事更为细致、更为精巧的工作。在这个社会中，猎人和士兵并不被看作主要职业。[2] 从母系社会的角度我们就可以理解，为何在斯巴达，那些生下来不够强壮和健康的男婴会被立刻杀死，因为他们可能无法成为优秀的战士；而且他们对社会毫无用处。但女婴却不一样，无论是否带有个人或身体上的缺陷，她们始终都有生存的权利。她们被无条件地接

---

[1] 历史上母系社会的所有参考资料（除非另有注明）均来自布里福尔特《母亲》和瓦汀《主导性别》编撰的大量科学研究资料。参见第22页。

[2] 许多人认为，由于考虑到体力而对男性进行的训练和选择，在男性的社会地位发展中的作用是决定性的。当人类安稳下来并建立了私有财产制度，从未被高度重视的男人的体力成了保卫新获财产的重要因素。极其微不足道的士兵被提升至群落中首要权力的地位，直到最近，士兵仍然占有该地位。亨利·J. 梅因（Henry J. Maine）:《古代法律》（*Ancient Law*, J. Murray, 伦敦，1906）将私有财产的确立视为女性衰败的开始。定居的改变和私有财产的确立开启了一个新的文化阶段，称为文明化。

纳为整个群体的合法成员。

而和女性的社会地位相符的，就是作为女性无可争议的性权利。比如，在斯巴达，女性享有性自由的专属权利，而所有与性活动有关的限制，甚至最极端的贞洁要求，都被强加给了男性。在母系社会中，女性可以挑选自己的丈夫，而男人只能被动地等待被挑选。在某些部落里，女性会向即将与其成婚的男性的家人提供钱财，把这个男性从他的家族中删除，然后在自己的家族中给他一个位置。

女性保守的文化要求

这些事实表明，女性的被动态度并不是天生的，也并非基于其自身的生理构造和母性的自然功能。她作为母亲的角色既不是女性被动的原因，也不意味着女性有维持贞洁的天然义务。专享的性特权也不是男人拥有生育后代不受数量限制的必然结果。**把保守和道德的想法强加于特定的性别上，是有着更深层次的社会原因的，因此才会形成某些有关"正确的"性行为的概念。**从下面这个小故事中，我们可以看出一个事实，即性行为完全取决于社会传统。

相传，拿破仑在埃及时曾有一次路过了一座阿拉伯小村落，他意外地走进了一间棚屋，看到了几个阿拉伯女人。当看到闯入的拿破仑后，这些女人立刻十分紧张地拉起裙子，把自己的脸遮住。在那时候，女性暴露生殖器官并不意味着什么，而被男性看到脸却是难以想象的。

很明显的是，社会传统和习俗决定着人们的生活方式，而当代人则强调自然科学，喜欢将其追溯到生理和心理因素。生活在母系社会的人们，和生活在父系社会中的人们一样，都能为他们的习惯找到许多理由。

在母系族群中，没有过爱人的女性结婚的可能性很小，而有着无数风流韵事的女人更是让男人们为之倾倒。如果以前没有人爱过她，可能是因为她存在着什么问题。在男权文化中，有着非婚生子女的女人比那些没有拖累的女人更难找到丈夫，而在母系社会中，在婚前证明自己能生育的女人绝对更受青睐。

当前的文化（直到最近之前，仍然是严格的父权文化），和母系文化非常不同。母系文化中通常只禁止男人通奸，对这些男性来说，通奸可能就意味着被处死。当今社会，人们始终认为女人应该被动地、单纯地等待，直到有男人屈尊选择她，只有女性需要保持贞洁，因为任何婚前的性行为都是男性的特权。说起来不可思议，就在不久之前的时代，无论一个女人多么才华横溢、多么聪明伶俐、多么善良体贴，只要她没有保留那块小小的膜——她的"名誉"，她就一文不值，没有男人愿意娶她。违背这个社会传统的女人会被驱逐。然而，男人却毫无争议地拥有着性自由和不忠的权利，这与现有的宗教、道德准则甚至法律都呈现鲜明的对比。沉浸于婚外性行为的男人几乎没有丧失社会地位的危险。而这一点直到最近才稍微出现了一些改变。今天，男性的这一权利受到了质疑，但并未从根本上动摇，甚至于二十至五十年前，普通男人都能够享受这个特权，而不受到任何挑战。

男性优越的衰落

在最近的一百多年里,情况发生了非常明显的改变。男性的特权逐渐淡去。女性的地位在上升,尽管缓慢,却在持续上升。女性的政治权利已经与男性的政治权利接近。女性获得了新的社会权利和经济权利。

她们享有自己的社会地位,并且可以从事每一种职业。甚至出现了男性在社会上或经济上依附于妻子的情况。女性拥有了此前从未被给予的性自由。这一切是如何发生的?

19世纪中叶,社会结构开始转型,经济结构也开始变化,随之出现的就是女性权利得到发展。就像私有财产时代影响了女性的社会地位,结束了母系社会一样,经济转型再一次影响了女性的社会地位。在资本主义主导下,个体可通过占有足够的金钱来获得充分的公民权利和特权。这种新的社会架构是以"美元和美分"来衡量个体的。这就导致了单纯通过继承即可获得尊贵身份的封建制度的结束,以及人权的建立。

至少从理论上来讲,随后的自由主义思潮使每一个人都有公平的机会去获得社会接受的地位。而人人生来平等的观点,也为此前被压抑的群体带来了自由与解放。劳动者、有色人种、儿童和女性开始被视为真正的人,他们的基本人身权利也得到普遍承认。在这之后,男性对女性的权力减少了。在欧洲,第一次世界大战使这一进程加快。女性取代男性从事之前被排除在外的职业,女性也开始赢得了新的社会认可。随着女性经济上的独立,她们也获得了新的性自由——男性的目光短浅和自负促成了这一发展。新的社会现状,给男性提供了与他属于同阶层的女性发生性关系的机会,而无须付出之前必须付出的代价，即婚姻。如今，男性可以既不需要金钱花销，也不需要让情人受委屈。男性既不必负起全部的责任，也不必放弃他梦想的自由。但是，在满足自身需求的同时，男性也同样会给予其伴侣性表达和婚外情的自由。于是，男人的特权开始消失。

爱是战争

在女性卑躬屈膝的时代，两性之间的战争很容易被理解为被压迫者对专制统治者的反抗。所有的语言里，都曾用战争来描述两性之间的关系。这恰好说明了两性战争的永恒历史。"有吸引力的"人是"危险的"，我们把调情比拟为策略。女人是待攻破的堡垒，最终将被某些男人"征服"，而她还必须"反抗"。在攻击之下，女人可能会"变弱"；最后她完全接受他的"敌人"，我们会说她"沦陷"了。即使这些术语被当作俏皮话使用，它们也表明了爱情这场游戏的"战争"属性。这是一场性别之争，其显著特征就是，最后的强者（或称其为"侵略者"）与被征服的弱者之间的结合。

可能有人会认为，当一种性别不再压制另一性别，两性之间的紧张局势或许会有所缓解。但事实却并非如此。在女性不得不屈从的时期，她们除了接受自身地位之外没有别的选择，这或多或少也是理所当然的。比如，几个世纪前，在德国的一些小村庄里，如果哪个男人怕老婆，那么他就会收到邻居们的最后通牒，如果不能或者不想让他的妻子乖乖服从，那么他就要带着他的家人离开村庄，这样的故事并不罕见。如果一个女人支配她的丈夫，那么所有其他男人的优越地位就会因为她的案例而受到威胁。男性似乎天生就有支配他人的权利和责任。为何？因为他是穿裤子的那个。

今天，这种男人必须支配、女性必须服从的强迫性社会法则已经被废除。在新的社会地位中，女性可以反抗压迫，并与逼迫其屈从的命运做抗争。她可以主张自身的权利，愿意并且能够为自己争取权利。但到了最后，两性之间的关系变得比从前还要紧张；两性之间的战争已经进入白热化阶段，即将摧毁两性之间所有的协作和理解。

当前的混乱

不断升级的战争导致两性之间关系的完全混乱。直到今天，无论男女都无法逃脱严格的规范限制。今天，随着旧法律的废止，每一个男性和女性都必须在与另一性别的关系中确立自己的个人地位。女性没有义务服从，男性也不能单纯依靠自己的性别优势。于是，今天我们发现，每对夫妻的权利分配方案都各不相同。有些夫妻和极端的男性优越时代一样，男性拥有全部的主导权，而有些夫妻则像母系社会那样由妻子拥有所有权利。每对夫妻都必须在这两种极端情况之间找到适合他们的位置，却很少能成功建立真正的平衡。"男人一定要优秀"这条古老的信念是绝不能抛弃的。很多男女仍然坚守这一古老的传统；然而，女性通常也不愿承认处于劣势所带来的恐惧，而男性则在怀疑他们是否具有占据支配地位能力的同时，也觉得有必要证明他们的优越性。于是，男人和女人都对这个预设的"男性至上"产生憎恶心理，阿尔弗雷德·阿德勒将这种心理称为"男性反抗"[1]。每个性别都被另一种性别视为威胁，认为他们有可能危及自己的威信；所以自然而

---

[1] 阿尔弗雷德·阿德勒（Alfred Alder）:《神经官能的建构》(*The Neurotic Constitution*)，Moffat, Yard & Company，纽约，1917年。

然，两性之间普遍存在的紧张和敌对情绪就加深了。由于混乱成为各个国家男男女女之间关系的特点，所以在许多国家，其女性地位的改变很难找到规律，在文化多样性的前提下，其变化更是参差不齐，例如，东方的中国就和欧美不太一样。但令人费解的是，即使是那些属于同一文化类型的人们，男女之间的关系也会有很大不同。

今天，各国都在经历着父权制的转型时期，我们可以从中看到男女之间存在着各种类型的关系，从纯粹男性主导的关系，到典型女性主导的关系，还有介于这两种之间的种种情况。世界各国，女性都从屈从的依附中摆脱出来。尽管发展尚不均衡，但在各个国家都达到了各种各样的阶段。总体而言，拉美国家在这一发展中比较滞后，也许是因为工业化进程受阻，女性解放在这些地方起步较晚。比如，意大利和法国的女性地位几乎没办法与俄罗斯的女性相比。但是，目前没有任何一个国家存在母系社会，虽然有些男性将美国视为母权社会——与美国之前的历史相比。事实上，美国并没有母系社会的迹象；只是因为美国的女性已经达成了相当程度的平等而已。

性别魅力和骑士精神谬论

有一个事实时常扭曲人们对性别平等的认识，那就是众多女性通常渴望展示出更多的性吸引力。身材凹凸有致、充满魅力的女孩们被人羡慕、妒忌，而且还有人在物质和经济条件允许的情况下去效仿她们。很少有人会停下来想想，在这种情况中，女人正主动使自己成为男人们性欲的目标——这几乎和后宫妃嫔是一样的。展现性吸引力历来都是一种低等性别用来获取优势性别注意力的方式。

极少有人会关注吸引注意力和获得真正自尊之间的差别。今天，男人为羞辱女人而向其支付与他们从前同样的价钱，只是现在的女人很愚昧地接受了这种贿赂。此外，古老的交易手段依然存在。现代女孩对一个古老风范相当敏感，那就是骑士精神。这种精神仿佛表达了对女性的至高尊崇。但果真如此吗？骑士精神一直不就是强者对弱小的无助者的一种态度吗？如果用同样的行为模式对待中流砥柱者，就不称为"骑士精神"。某些女性对男人们展现出来的骑士精神解释成惊恐男性胆怯的表现。然而，这种古老的男性伎俩，仅仅是用恩赐的方式来掩饰对女性的贬低罢了。在中世纪，骑士精神达到顶峰。在骑士和吟游诗人的年代，淑女们是骑士的偶像，为自己的女士服务是他们的最高德行。骑士们为她战斗，以她的名义赢得荣耀。他们写诗赞美女性的美丽、单纯和孤独。今天我们受到的教育也是这样，接受了这种教育的女孩深深迷恋这种尊崇。但她们可能并不了解的是，当一个骑士希望向他的客人表示超乎寻常的尊敬时，没有什么比让他的妻子陪他睡一觉更高形式的表达了。妻子是他可以向客人赠予的最珍贵的、最有价值的礼物。没有人意识到这其中的羞辱——因为根本没有人会去问这位女士她自己的感受。

在骑士精神中，女性始终被置于劣等地位。如果一个女孩希望她的陪同者为她开门，她可能认为这是她深思熟虑的选择。她甚至可能会将她的依赖合理化为想让男士觉得自己有用。可事实上，她却是将自己当成了无助者，需要他人的帮助和保护。男人们坚持要伸出援手时，其中蕴含的关怀其实远远少于女孩们愿意相信的那样。帮助女性、善待女性、赠予女性礼物——做这些事情都是给予者出于自身考虑的行为，是他们优越地位的表现。而在父权社会中形成的传统又使男人和女人还徘徊在这个古老的骗局里。

旧瓶难装新酒。当今的文化有很多方面表面上是对女性尊敬的膜拜，但实际上却暗含着对女性的蔑视。例如，女人们会花费大量的时间和金钱来追求美貌，同时也得到了很多机会去培养她们的聪明才智和高贵优雅。她们自由出入博物馆、讲座、音乐会和展览会，而男人们"不得不"出去挣钱。挣钱仿佛是男人们的天职，但是事实上，这是他们的特权。男性在事实上统治着女性，而非供养她们。很多女孩会觉得，男人们对她们的尊敬，表现在他们在自己身上肯花多少钱。她们完全没有意识到，她们是通过要求男人支付自身的消费来获得他们应给予的关怀的：女性朋友、美貌、微笑和化妆品。男人们愿意娶美丽而代价高昂的女性为妻，只是为了满足展示她的渴望而已，就像展示他们珍贵的珠宝一样：她们本身并无价值，只会提高其主人的威望。

女性解放的文化意义

女人们的自信在增强，这当然会对我们的生活方式产生重要的影响，而且这些影响已经发生了。这些变化加深了男性和女性生活在一起的困境。由于当前缺乏经济、社会和政治稳定性给普罗大众造成的普遍不安全感，使得男人和女人都对任何威胁到他们声望的东西更加担忧。女人之间越发激烈的竞争也增加了对男性的怀疑；而男人们试图让女人遵守旧习，让女人对其愈发憎恨。人们很难将另一个性别视为自己的合作伙伴，而是将其视为敌人。他们住在同一屋檐下，却无法互相理解。他们离开对方可能会活不下去，却又无法和对方和平共处。婚姻甚至不再是性问题的一个解决方案，就像离婚也不能解决婚姻问题一样。

男人和女人之间的战争通常只是不同群体之间短暂分歧的一部分，就像阶级竞争、代沟、种族、宗教、不同国家政党之间的战争一样。所有这些敌意都根植于相互之间的恐惧和不信任，这种恐惧和不信任又来源于主导群体想要支配另一群体，并维持他们的支配地位，而成千上万的被支配者对自己的服从地位产生愤恨和反抗，这些反抗本身是正当的。在所有人类成员建立真正的平等地位之前，我们预计这样的斗争还将继续。

此时此刻，男人和女人在人类历史上首次接近平等，可惜，我们尚未建立真正的平等，不过这一进程正在加快。在各个时期，爱和性都使男人心生困惑，那是因为不平等的现状绝不容许男女之间产生坚实而稳固的平衡。在某些文化中，女性属于被支配地位，其他文化可能正好相反。某个性别的支配地位受到挑战并被成功颠覆时，支配者从支配转变为服从。但是平等从未存在过。当前的男女平等发展趋势代表了我们这个时代社会变迁的总趋势。虽然这种接近平等的状态激化了男女之间的斗争，但是最终的结果似乎确定无疑。男性会失去他们的霸权地位，女性也无法重新占领统治地位。当新的、稳定的平衡在两性之间产生，人类就能够获得前所未有的新和谐。那么很有可能，两性关系将不再是人类只能作诗演戏予以歌颂，却解决不了的永恒难题。只要男人和女人以暴君和仆人的身份生活在一起，两性关系就始终会是一种对于人类文化的威胁。如果作为一种平等团结的工具，两性关系就可能以空前的形式呈现出来。这样一来，两性间的战争才能在我们当前的历史过渡阶段中发挥其应有作用。

本章要点回顾（最触动你的文字有）：

本章要点回顾（最触动你的文字有）：

第三章
性的概念

性特征的社会基础

正如我们所见,任何一种性别所扮演的角色取决于其所处环境的社会结构。但是,今天的社会传统并没有对任何一种性别施加明确的行为。每个个体,不管是男性还是女性,都要建立他们自己的行为模式。表达"男子气概"和"女子气质"的方式多种多样,想成为哪种类型的男人或女人,决定权完全在个人。

只要我们还将男子气概等同于优越——毋庸置疑大部分男人和女人是这么做的——那么由我们自己发展自己的性别角色概念,就和这种迷信思想混为一谈了。就算是最热心的女性平等的支持者,也很有可能认为"真正的男人"应该强壮、自立、勇敢、可靠,而那些没能达到这些要求的男性可能就表现出了"女性"特征。"女孩子气"这个词(或口语的"娘娘腔")表现了对"女性"特质的轻蔑。事实上,不论性别如何,责任心、工作、奉献以及渴望支持他人都没有被视为全部人类的义务。男性是优势性别的概念是很多古怪思想产生的原因,这些概念混淆了人们对他们的性别角色、义务或限制条件的观念。

儿童在极早期就发展出了外界对他们自身性别的社会角色的概念,这些概念却未必始终都是正确的。在孩子们意识到性别的情绪内涵和心理意义之前,他们就会对性别的社会意义留下印象并受此激励。男孩们在所有的活动中都拥有更多的自由,这是社会规则之一。而那些表现得像男孩的女孩被称为假小子,这是个男性化特征尤其明显的术语(顺便而言,假小子这个称呼比"娘娘腔"包含的轻蔑要少得多)。帮家里做饭、打扫、缝补依然大部分属于女孩子们，尤其是在保留了欧洲风俗的地区。今天，男人也洗碗，只是偶尔；但依然是纡尊降贵了。不过，这个现象至少说明男女之间有了更多的协作倾向，而这正是欧洲男人很难遵循的。

很多女孩认为，女人在社会中的地位是从属者。她们要么屈服于她们的命运，然后以女性的方式寻求补偿，要么反抗，避免一切女性化的东西。前一种人试图通过培养魅力和无助感，避免承担责任，简单地说，就是努力塑造典型的"女士"举止，在男人的世界中获得一席之地，而后一种人，那些强烈反对男权的人，拒绝让自己达到女性的成熟。她们讨厌女性化的外貌，憎恶月经的功能。很多女孩并不会走极端，她们可能会屈从于普遍的压力，忍受自己的外貌。但是无论她们看起来如何女性化，她们的抗议也在各个方面变得愈发显著。她们力图证明，即使是女人，她们也可以跟男人做得一样好，甚至更好。通常她们不愿意承认自己反对男人，同时也并不知道是什么导致了自己在性生活和婚姻中的障碍。

异装癖案例

有些人对女性角色的排斥可能会达到令人难以置信的极端程度。一天，一个年轻"男人"咨询我。在我询问"他"时，"他"说自己其实是女孩。这名患者二十五六岁，她的男性外表不仅仅是因为她的服装，还因为她特定的说话方式，还有她刻意展现出来的男性化的行为举止。甚至于她的嗓音也都具有那种因为腺体分泌低于女性所呈现的男性嗓音特质。她来找我，是因为她遇到了一个非常不同寻常的困境需要帮助。为了能在奥地利找到工作，她需要出示证明文件。她的身份证上是女性的名字，这很令人困惑，也让她对此感到非常羞耻。现在她正在想办法给自己改一个男性化的名字。我也很困惑,她怎么能做到"肆无忌惮"地穿男人的衣服呢?因为这种做法在当时是禁止的。她向我展示了警察局开的书面许可证,并且解释道:当她穿女人服装时,会引起别人的异样关注,因为所有人都觉得她是装扮成女人的男人,这给别人带来很不舒服的感觉。而她走路像男人,整个行为举止都很自然,与男人一样,所以警察局不得不给了她这个不同寻常的许可证。

我们对她进行的身体检查显示:她的第一性征和第二性征都很正常;胸部发育充分、头发分布也是典型的女性化特征,臀部也是如此,经期也很正常。实验室分析证明她的性腺功能正常,没有任何证明她身体或生理异常的证据。这表明,她的反常发展是由其他因素导致的。

她出生在奥地利的乡村地区,是家中的长女,父母是农民。在那个地区,女孩们自尊都不高。农民们都至少会养一个儿子来继承农田,并在父亲退休时负责养家。因此,她的父母希望她是一个男孩。对女孩来说不幸的是,两年后她的弟弟出生了。我们不难想象她对这现状的反应是怎样的。意识到她的尴尬位置后,她拒绝屈居次位。她充分利用弟弟刚出生的几年,在身体和精神上维持自己相对于弟弟的优势。然而只是让弟弟处在她的支配地位下还不够。他毕竟是男孩子,而她就是女孩。为了赢得战争胜利,她也必须克服这一障碍。于是她尝试着表现得像个男孩,只和男孩子们玩,而且比他们玩得更野。她是个不折不扣的假小子,但是即使这样也还不够。她还喜欢给她的弟弟穿上女孩的衣服,而自己则穿上弟弟的衣服。

父母们对于他们的装扮乐在其中,也鼓励他们这么做。每个人都觉得很"好玩"。她听到很多关于她看起来像个男孩这样的溢美之词;人们也觉得她可以比她的弟弟更好地当个男孩,而弟弟也很驯服、很听话,而且还很胆小，非常依赖他强大的姐姐。这样的成功经历自然地鼓励着她继续，并且一直在强化。长大一点后，她越来越习惯于这个梦寐以求的男性角色，从行为、步态、特殊习惯来看，她都是典型的男孩。她甚至变得喜欢女孩子，只不过是以一种保护、英勇的方式。自她的身体开始发育，她就开始了和自己一切女性化特征的斗争，她讨厌自己的胸部，穿上紧身衣将胸部压平，使它们看起来不再明显。她开始忽视月经，不让月经妨碍她的任何体育运动。她从来没有发展出任何女性特征、技能或者特点，而且她的头发永远都是男孩的发型。

从警察局那里拿到穿男性服装的许可证是她最大的胜利。但是，她这个蔑视正常逻辑的努力使她陷入了新的矛盾。现在，她需要一个男性化的名字，可根据奥地利的法律，这并不容易；不过，既然当局第一次已经不得不屈服，所以她更进一步，获得使用一个中性名字的许可也说得过去。但是，警察局要求她提供精神科医生的建议，女孩对此十分热心。我尝试说服她，即便成功地改了名字，她还是打了一场必输的战争，因为就算她能欺骗自己和别人，她依然是个女人。除非她认同自己的性别，否则必定会面临更大的困境。但我的努力是徒劳的，和许多性反常的人一样，她不需要什么意见或帮助，也坚定地拒绝讨论她的心理问题。

让我感到吃惊的是，一年后她又出现了。我一开始以为她可能是希望得到精神治疗。但是，她却是为了让我再次帮她对抗整个社会，因为她被歧视了。她爱上了一个女孩，希望我能够帮她们结婚。当然了，这超出了所有人的权限，所以此后我再也没有见过她。

对"优势性别"的模仿

任何时候只要两性之间的性别平衡被打破，且被压制的性别有崛起机会时，这一性别的人就会从行为和举止上模仿先前的优越性别。在某些原始社区就有这样的例子。大概在母系社会逐渐衰落之时，有一种奇特（通常被误解和曲解）的行为现象——父代母育。孩子出生后，父亲带着孩子在床上躺好几天，而母亲则需要承担所有的家务，并且照顾男方和孩子。似乎男性试图模仿女性的角色。而在女性占支配地位的地方，典型的女性化的行为可能是男性渴望拥有的。有人会猜想，如果天性许可，该时期的男人会不会也试图生个孩子呢？

今天女性的行为也可以用类似的目的来解释。在某些阶层中，抽烟在女性当中更为流行，而男人们通过不得不恢复吸烟斗的方式来和当时抽烟的女性作区分。在美国西进拓荒时期，女人也形成了抽烟斗的习惯，这可能正好反映了社会的变迁和这一时期女性的早期解放，这一时期赋予了女性前所未有的责任和权利。此时男女之间比旧世纪有更多的事实上的平等。尽管有些女性可能并不喜欢吸烟，但是她们吸烟的冲动可能来源于对男性气概的渴望，就像小孩子渴望成为大人一样。当今社会处于过渡时期的其他典型标志，还包括女性穿男装或留短发。所有这些模仿并不意味着事实上的平等，而仅仅表现了女性希望强调她们地位发生变化的一种尝试。

两性的功能

每个个体都会对其自身的性别角色产生特定的概念,而对这种性别角色的接纳或排斥,则反映了人们的态度,也会对其日常生活的方方面面造成影响。例如,女性对家务的态度,就是检验她对女性角色理解的一个好方法。无论正反两方面的争论如何,我们都不会欺骗。我们可以听到为何家务令人愉快或者令人厌恶的各种理由——各种理由都不错。但是比起做其他工作,那些喜欢做家务的女性的数量正逐渐下降。很多女性讨厌这种"职业",因为她们认为做家务是低级的或不体面的;她们还把家务与女性角色的次劣等概念联系在一起。这种联系同样也阻碍着男性参与家庭责任。几千年来,家务一直是女人的职责,所以要让男人和女人都能客观地认识到分担家务对双方都好,恐怕要花上很长一段时间。

在男性对女性完全处于支配时期,女性在某种程度上是完全排除在艺术生产之外的。女演员和女舞者在社会上被视为下流职业。如今,那些想要在社会上出人头地的女性,则会特意涉足艺术、音乐、戏剧、舞蹈等职业,甚至使艺术领域几乎要成为女性的特权了。可是,难道参加艺术活动不应该是所有人类的权利和责任吗,无论男女?

很多男性在对艺术的兴趣方面向女性做出了让步。一个男孩子如果从小学弹钢琴经常会被人叫作"娘娘腔"。而女性通常会发觉,其实很难说服丈夫跟她一起读书、听讲座或音乐会,或者一起参观博物馆展览。实际上,有些女性甚至都不会诚恳地去尝试,因为她们自身还因这样的独特兴趣而沾沾自喜。而男性则暗自窃喜,只要付出这么小小的代价,就能继续保持他们的优越地位了。

男性角色的基本概念似乎已经窄化为赚钱养家这唯一的一项职责。这种理念十分危险。因为它将赚取金钱的唯一权利交到了男性的手里。与此同时，它还妨碍了男性真正去欣赏那些会对男性的经济权利产生动摇、调整的文化和常识，而对这种权利不择手段的滥用，增加了人们对男性文化发展的忽视。如果女性继续沉迷于这种廉价的支持优势，那么她们的依附地位只会延续下去。

将两性之间的社会责任进行划分的依据并不是生物学上的差异，而且从根本上来说，不存在哪些特定责任就比其他责任更加优越。社会责任其实只不过是人类的义务而已。在工作的分工中，我们会根据习俗和习惯认定某些任务属于某个性别；到底人们是喜欢还是厌恶这些社会分工，又会因为从事这种特定职业的性别的社会地位高低而决定。在维持婚姻生活这一方面，做家务和赚钱同等重要，如果一个人发自内心地相信男女平等，那么他或她会准备好去做那些在此时此刻最需要去做且最有建设性的任务，而根本不会去想，他或她这个性别做这件事是不是不恰当的问题。尽管说出来似乎很好听，但很少有男性或女性真正去实践平等。我们目前面临的男女两性关系的问题中，根本不能单纯通过区分哪些专属于男性事务，哪些专属于女性事务，包括在哪个成熟领域里让男女同样能干等这些浅显的方式来解决。这些方法或许可以暂缓竞争，但是也会推迟两性之间平等合作关系的建立。

性和社会秩序

男性和女性将对方视为人而不只是性对象的能力，通常会因为明显不受欢迎的性欲望而受阻。在这种困扰下，我们很轻易会将性视为野蛮的原始动力，而我们自己则是这种力量的受害者。所以，性本身似乎就是一种危险——一种会威胁到我们的文化及社会关系的野蛮力量。

但是，想要意识到，"性"实际上从没有过对所谓受害者产生不利这一点着实不易。确实，受害者的意图有时候是反社会的，而且通常只针对异性。但是性本身是没有威胁的；它仅仅是一个工具而已。

然而，为什么我们一直对性如此恐惧呢——那么容易被性激怒，又被它干扰呢？对于孩子们来说，性不会让他们产生羞耻感。仅仅是因为他们还没有意识到吗？而性的自由表达暗示着下流吗？通过我们对儿童期性欲的发展以及性概念的形成过程的细致观察，我们就能更好地理解羞耻心和罪恶感机制，就像对某些特定社会中的风俗和习惯的社会学分析的那样。

弗洛伊德[①]认为，为了维护社会生活的稳定，人类社会必须严格限制性；而且只能通过对某些性倾向和性的自由表达进行表面压制，才能给人类强加某些社会行为。而其他人则认为，目前的性放纵就是一切罪恶产生的根源：如果人们变得更"道德"，那么当前的社会动荡就会终止。但我们都听说过，有一些社会群体即便受到严格约束也依然处于混乱之中，而可以进行坦白、公开的性表达，甚至容忍滥交的其他社会群体，却极少有摩擦，这些人的社会生活往往维持得井井有条。所以性不是威胁社会的根源问题。

---

① 西格蒙德·弗洛伊德（Sigmund Freud）：《文化之苦》（*Das Unbehagen in der kultur*），Internationaler Psychoanalytischer Verlag，维也纳，1930年。

对性进行严格管制并不是为了对社会的拯救；而是为了制服一种性别，并且剥夺占社会一半人口的群体的天然性权利的手段。

这种压制的事实证据就是，主导性别总会想方设法违反对其不便的约束，同时将羞怯和贞洁作为一种道德手段，强加给受支配的性别。

但是这种强制性对两种性别都施加了限制，因为处于母亲这个角色的女性会向她们的儿子灌输自己作为女性的羞怯和胆小，同时男人也不得不屈从某些限制，因为他们只有尊重妻子、母亲和姐妹们的感情，才能被接受。这种强加的社会限制的心理后果就是羞耻感和罪恶感，即一种为了维护每个社群的社会习惯特征而对每个社会的成员都加以灌输的感受。

性和宗教

对性的压抑和轻视通常会被归结为宗教教育。但是，宗教的教义只是宗教成立时所处的社会条件的产物而已。我们必须承认，宗教本身并不反对性放纵。根据各自的教义，不同的宗教对性行为的要求十分迥异，比如在宗教仪式上，有的宗教需要性行为，有的则禁止性行为。又比如说，某些古老希腊社群出现宗教卖淫现象，而其他宗教则要求独身和贞洁。基督教的诞生，恰好在人类首次产生平等人权这一概念的时期，虽然受当时的政治、经济和社会条件所限，人类并未真正实现平等人权，平权的时机还远未成熟，但女性依然被毫不意外地利用。但是，这个男女平等的理想，是首次对男人也提出了同等的贞洁要求，一个从前只有男人强加于女人身上的要求。即使这样，教派也从来没能彻底禁止占主导地位的男人们利用社会所赋予的特权。

因此，现今社会的严格道德要求出现了松动，并非针对宗教，而仅仅是针对男性优越的一种攻击，对关于爱情、婚姻、求婚和离婚等更为自由的概念，并不反社会，也不反宗教，而只是女性解放的一种表达而已。

儿童对异性的印象

个体对自身性别的态度与其对另一性别的态度是相符的；这两种态度共同决定了他/她的行为。儿童对异性的概念在童年早期就已形成。初次感受到的对异性的情绪反应有着持续的重要性。通常而言，父母会给孩子们树立男性和女性共同生活的第一个榜样。因此，一个孩子由于理解能力有限，会很难意识到自己家的情况只是个别的情况，并不具备普遍的特征。对他来说，自己的家就代表着全世界。因此，父母之间的关系似乎是男女之间唯一可能的关系，从而形成自己的婚后生活概念。潜移默化地，父母就影响到了孩子对婚姻的态度。**父母双方作为孩子生活中两种性别的代表，时常对孩子未来的性生活有决定性影响。如果孩子有异性同胞，这个异性同胞也可能对他有同样的决定性意义。**

如果男孩子和母亲或女孩和她的父亲之间的关系过于亲近，那么这种关系对孩子未来的择偶可能会形成障碍。一个小男孩如果被母亲偏爱，因而被过度纵容和溺爱，那么他就很难想象另一个女人会同样为他投入，这种怀疑因此可能会阻碍他投入恋爱和婚姻。他结交异性时，并没有打好"幸福的婚姻需要互相迁就"的基础。这一点在父亲和女儿的关系里也常常如此。过于依恋父亲的女孩可能会期待她的丈夫像父亲一样提供理解、耐心、指导和呵护。她很可能会忘记，与她同辈的人根本不可能有她父亲所具有的那些优势，尤其是现在的女孩很大程度上已经拥有了和男孩同样的受教育和就业机会。

这样的问题在当今社会尤其普遍。一方面女性会反抗自己的低等性别身份，另一方面，她们依然向往着找到一个让她们尊敬的人做丈夫。她们还坚持着这样的观点，即男人必须比她们更强壮、更可靠。但是，女人能找到多少像"儿时父亲"那样比自己出色得多的男人呢？正是因为她们注定找不到这样的男人，所以她们必然会失望。即使她最后真的找到了这样的男人，她也不会接受。因为她又会因此而怨恨男人的优越性，她可能会因此退却或是故意找他的茬儿，这样就能再次蔑视他。

儿童对性的恐惧

我们的孩子在价值观、传统和习俗纷繁复杂的世界中长大。他们的觉察力是非凡的，成人的恐惧和压抑他们也能够感受到。对男女之间龃龉的见解以及性别导致的困扰，使他们对性这个概念产生了误解。男性优越的这种幻觉，通过向男孩们施加一个永远无法完成的义务而使他们畏惧，并且促使着女孩反抗她们的次级地位。男孩和女孩通过"男性性别抗议"给"性别"附上了社会羞怯、压制和侮辱的标签。而孩子们第一次认识到性是一种生理机制的方式，又强化了这种危险的意识。在孩子们亲自体验身体的功能之前很长一段时间里，他们就会听到有关做爱、性关系及其结果的各种说法。但他们听到的很少是愉快的内容。成年人可能会以为孩子们不理解，所以会在孩子们面前肆无忌惮地谈论这些。可是，即便孩子们理解不了每句话、每个想法的真正意思，他们也能够感受到当时的气氛。于是，孩子们无意间就了解了怀孕的危险、了解了与性体验相关的耻辱。孩子们听到的很多与性有关的事情，都与痛苦、羞耻、劣势，甚至灾难相关。尤其是女孩很早就意识到这些劣势和危险主要会影响女方。难怪女人们会比男人更有认为性是残忍、无人性和兽性的倾向。

性的启蒙

随着大人告诉孩子"生活的真相"，这种对性的整体印象会逐渐被强化。性启蒙时常会伴有一些心理冲击，因为父母会因为不愿履行这个天然义务而使这种最自然的发育受到阻碍。**不幸的是，那些在对性非常严苛的环境中成长的父母，会对孩子们有关性的问题感到非常羞耻，或是不予回答，或是千方百计地逃避问题，有的父母甚至还会严厉地斥责孩子。**之后，**孩子们就会认为，如果不是他们感兴趣的这个东西肯定有问题，就是他们自己有问题。**许多乖孩子，特别是女孩，从来不会公开表现出对性这个话题的兴趣，而她们的怯懦以及倾向于避免接触这个"危险"问题反而会阻碍她们接受任何性启蒙，或在她们不得不去面对事实时大为震惊。在好一点的情况下，那些兴趣受挫的孩子会经历一个明显的迟滞阶段，此时他们会对性丝毫不感兴趣，直到形势令其不得不去了解更多。而足够幸运的孩子，则会遇到那些采用适当的、谨慎的和纯洁的方法提供给他们必要信息的老师或其他成年人。但是，更经常的情况就是，信息来源要么是变态成人提供的肮脏信息，要么是淫秽书籍或一知半解的同学和朋友们恐怖、骇人听闻的窃窃私语。

父母如果愿意且有机会得到充分的训练，那么其实整个问题的解决非常简单。被孩子问到的时候，对所有成年人来说两个准备是必要的：1. 克服尴尬和反感。即使孩子们年纪再小，他也有权利知道这些。当孩子们问"闪电从哪里来"时，父母不会反感，但是当孩子们问"自己是从哪里来"时，父母的反应就大为不同了。2. 准确回答孩子们的每一个问题，但不要超出问题本身的范围。孩子关于这个问题的语气、措辞，都能很好地传达出他们的兴趣及理解力。所以，父母应该认真倾听其问题的字面意思。忽略这条规则，通常是父母感觉到尴尬的最主要原因。在没搞清孩子们的问题时，父母就会脑补孩子们的"下一个问题"；但是多数情况不会这样，或者几个月或者几年之后才会有"下一个问题"。孩子们第一次问"自己从哪里来的？"正确的回答就是"从妈妈那儿来的"。这个事实没有什么好尴尬的，只有成年人才会瞬间联想到令人尴尬的内容。但是，孩子们通常对这个回答就满意了。很久之后，孩子们才会问："那孩子是怎么进到妈妈身体里的？"这个问题的答案也很简单："从爸爸那儿。"而且这也没有太过露骨的意思，因为孩子还没有对生理机制产生兴趣。即使是几年后孩子提出"孩子是怎么从爸爸那里进入妈妈的？"这样的问题，这时父母再提到爱和婚姻，就足以满足孩子们的好奇心了。

至于更多技术方面的信息，如果很多内容详尽的书也满足不了孩子的好奇心，家长还可以向老师或医生寻求帮助。这样，父母就能够理解孩子并且有情绪调节能力，也就能在这个话题上引导孩子走向成熟。

面对孩子的提问，只有一个事项必须注意。那就是，父母要确保这些问题只是孩子们严肃的兴趣，而不是获得关注的工具。任何深谙教育技巧的人，一旦发现某个问题的发生总是迅速并反复的，就会意识到这个问题存在表面行为的伪装，而其背后必定还有深层诱因。

儿童早期的性探索

还有一个因素会阻碍了孩子们对性的态度的正常发展，尤其是男孩。孩子们会将他们的身体当成一个陌生的世界，非常彻底地去探索它。很多过度焦虑的父母，在发现孩子们的自我探索行为时，会过度关心，并且通常会笨拙地阻止孩子们触摸他们的生殖器。孩子们对身体的初次探索比吓唬孩子危险要小得多，因为我们知道，早期的自慰行为，很少是从孩子的自然探索发展而来的，更多的是暴力干涉的结果。孩子的所谓坏习惯，其实更多是父母或者保姆促成的，也是他们强行阻止的行为。因此，成年人干扰孩子的探究行为，并不是在阻止孩子手淫，而是在鼓励这种行为，同时还逐渐让孩子在这件事情上产生心理冲突，而这个心理在孩子青春期阶段产生冲击时，会比任何看得见的后果更具危险性。向孩子灌输"性器官不干净、是禁忌"的信念，从而将性与罪恶相关联，实际上是一种毒害孩子心灵的做法。

孩子的第一次性体验，通常会影响他对性的感知。这样的体验很早就会发生。长大一点后，他很可能会忘记这些体验，但是所有的儿童都会经历性兴奋，有些性兴奋很明确，而有些则很暧昧。成人亲吻孩子的嘴，可能也不会怀疑他的反应。性本能下的挠痒痒行为没有年龄的限制。某些游戏、某些体操动作或者是重复的移动都会唤起类似的兴奋。通常害怕的感觉也会唤起性刺激。尽管他们从这些动作中获得了极大的满足，但是他们没办法理解自己的感受。父母们如果能够对孩子们有信心，就能够帮助孩子们从这些神秘的体验中少受些伤害。然而，大部分父母受过往经历的干扰，便没有意愿再和孩子一起探讨性秘密。而不带兴奋或尴尬的谨慎讨论就能够消除孩子的疑惑。父母们轻松的态度，也能防止已经发生的性兴奋方式在未来引发冲击、矛盾和失望。

一名女性无法享受性交的案例，就是儿时体验会对未来正常性体验产生重大影响的证明。这位女士渴望在婚姻中获得她从未体验过的性满足。在我们的讨论中，她意识到了是什么在干扰着她。有一次，当她还是小女孩的时候，在荡秋千的时候，她感受到生殖器有一种奇特的愉悦，之后她每次荡秋千都会产生相同的愉悦。后来，尽管她在性关系中体验到性兴奋，但找不到那种奇特的愉悦，这导致她不断和不同男人发生性关系。当然，这不是她找不到合适伴侣的真正原因。她对爱情有错误的观点。她并不是在寻找真爱，而只是在寻找这种生殖器的特殊快感。她的第一次性体验也让她形成了完全错误的快感观念。现在她想要获得的仅仅是这种特殊快感，而不是作为伴侣的男人。显然，她渴望从伴侣关系和婚姻关系中得到的，是与爱情毫无关系的东西。

爱的训练

性兴奋、迷恋、爱抚和激情的初期经历会对我们成年后的情感及性行为模式产生很大影响。人类的爱情错综复杂，性交仅仅是其中一部分，即使是这小小的天地也不简单，也没有两个人完全相同。我们就像学走路、学说话一样学着恋爱，慢慢地有了自己的节奏和偏好。做爱这种语言会被我们早期的性兴奋所定义，同时也会被任何新的实践和体验所塑造。我们在爱情中的每个行为都被我们之前的经历所训练和发展。

男女之间的关系会被如此之多的令人不安的童年经验所妨碍，这一点的确很不幸。成长中的一代没有多少机会对爱情发展出合适的印象。在环境中也几无可能。即使是深情而慈爱的母亲也会常常自私、苛刻，控制欲强，所以似乎我们也不能保证母爱就一定是真爱的一种。我们对性和爱情的初步印象是决定性的，而很多人的初步印象却通常伴随着错误的期待。"真爱故事"和情色电影根本不能被当作不幸福婚姻的补偿。它们反而是在歪曲事实，同时也让人们的头脑中充斥着在现实中根本不可能获得的性吸引、美女和做爱的画面。这些有关性爱的错觉给我们带来了多少失望和怨恨啊！似乎我们进入了一个可怕的恶性循环。我们自己就在各种各样错误的概念中被抚养长大，而我们结婚生子之后，也很少能给孩子们提供正确的观念。

很少有父母能够意识到他们自己对性的态度会对孩子们的观念产生多大的影响。孩子们对父母的观点不是全盘接受，就是背道而驰。让人惊奇的是，孩子们在早期，就已经形成了有关爱情的理念，要么认为爱是痛苦的源泉，要么把爱视为获得纯粹的快乐和浅薄的满足感的机会，还有一些人习得了爱情和婚姻是相互陪伴的基础。孩子们会发现，**性是从合作而来的相互扶持和激励，而且爱情不仅意味着接受，而且主要还意味着给予。**

青春期

孩子在成长过程中形成的对性和自身性生理机能的个人态度对其进入恋爱和婚姻的方式有决定影响。它会影响着他的择偶，并且还会形成某种特殊的冲突，这些冲突要么威胁、要么能够巩固他的婚姻幸福。态度方面发生的任何错误和扭曲都会在成年期变得更显著。如今，青春期成长的问题比过去更加复杂。父母试图对孩子们过度保护。他们希望孩子们依赖父母，一部分是因为他们自己在成长过程中的信心不足使他们无法信任孩子们有看顾好自身的能力，还有部分是因为他们对威望的变态需求让他们难以放弃珍贵的支配欲，所以根本没办法成为孩子们的朋友。因此，他们会对孩子身上出现的任何自立或独立的表达感到不满。

这种父母和青春期子女之间产生的冲突尤其对孩子们不利，因为它正好碰到了孩子们身体发育而产生的紧张和忧虑期。年轻人在他们的性器官成熟之时，会体验到新的情感，好比被带领来到了一个新的世界。当青少年们意识到他们的性特质时，即使是那些彼此熟识的人也会突然产生一种怪异的尴尬。男孩、女孩会以另一种角度看待彼此。他们会在活动时感到尴尬，同时对于四肢和身体的不断生长，产生一种不安全感。也无怪乎此时他们那么容易被激怒和被干扰了。他们对自己的性别及最终概念，以及对异性的感受和态度就在一次又一次的迷茫和彷徨中最终确立并稳固。

帮助青年人应对压力是我们的责任。他们也有权在生命中最困难的时期得到我们的指导。在人类关系出现错综复杂的变动阶段，友谊对所有困惑来说是至关重要的向导。男女同校对于避免或者至少缓解这种危机是有利的。通过互动在彼此之间建立深入了解，孩子们可以轻松地将异性视为伙伴，而性别差异也会变得不那么重要，这就促进了未来的进一步融合。

性的三个功能

我们必须认识到，人类的性可以在多种多样的目的中起到作用。首先，它是生殖的前提条件。性欲是让人类维护物种生存和繁衍的天然诱因。宗教和国家的法律都将此作为性唯一被允许的目的，任何婚姻以外的性活动以及任何人工避孕或堕胎行为都被法律禁止，也被人侧目。

第二，性还可以作为达到个人满足的工具，主要作用是获得快感。随着人们学会摆脱自然冲动，性就从生殖的过程中独立了出来。今天，性的两大功能，即怀孕和获得快感的性体验，对大部分人来说已经完全不相关了，以怀孕为目的的性行为所占的比例已经少之又少。但是快感包含很多感觉，而部分感觉是完全不同的，有时候甚至产生冲突的意义。愉悦可能包含肤浅且附带满足感的意义，也可以是涉及整个人性的深层感情。所寻求的满足感的种类决定了性在不同人的生活中所起的作用。有些人会认为活着的唯一理由就是获得任何形式的愉悦；而对这些人来说，性仅仅是快乐的不知疲倦的来源——也许是唯一来源。他们的享乐主义或韦克斯伯格所称的"快感饥渴"，使他们抓住一切可以获得快感的机会，很少在意或是根本不在意其代价或后果。享乐主义者通常也是容易失望和悲观的人，所以从整个人生的角度来看，他们的目光非常短浅。他们根本不相信未来和幸福，也就不在乎接下来会发生什么。对他们来说，在感情上的失败只能用愉悦来补偿。而那些将性作为攫取权利、名望、社会地位或个人优越性的目的的人也属于相同的类型。

但是，性还有第三个功能，那就是融合。它是比其他任何东西都更能让两个人结合在一起的工具。通过性，两个人可以在身和心上，合二为一。当然，性的这种融合的功能同样也能够提供快感。但是它是和前面所述的快感是完全不同的愉悦。它能带来更为深入、持续的满足感。它意味着献身，而享乐主义主要意味着利用另一个人。而且，享乐主义者会寻求变化，行为往往都是一时冲动，而融合则意味着稳定和未来的幸福。

恋爱的主观感觉可能会运用到性的全部三种功能。但第一个和第三个往往关乎长期计划，而第二个由于其关乎追求满足感的倾向，因而很可能会忽略人和社会的价值。

似乎在我们的时代，性已经在很大程度上失去了它的第一大功能，但人们却尚未发现它的第三个功能，即达到融合。性仅仅被当作快感而使用的概念倒是颇为流行，而这剥夺了人们享受持久的爱、忠诚和奉献带来的深层满足。

本章要点回顾（最触动你的文字有）：

第四章
选择伴侣

如何选择伴侣是对我们有关爱情和婚姻观念的一个决定性考验。我们在做出抉择时，会把所有的思想、期望和恐惧都考虑进去。选错伴侣可能被看作是夫妻不和的开始，或是用错误的方式接触异性的最后一步。许多人根本就不采取行动。到底要不要做出决定，这是他们一辈子都要纠结的一个问题。

选择这个行为不仅极为重要，而且具有很强的心理学和科学意义。它就像一道闪电，瞬间把全局照亮，并且清楚地显示了背后的力量。但是将它比喻成闪电本身更能说明选择的过程。

无意识的人际沟通

在我们做出支持某人的决定前，还要进行很多互动，做出决定只是对双方都有利的最终步骤。有时，两个初次见面的人不需要任何语言就能互相交流印象、观点、承诺，并达成共识，而且双方都没有意识到自己参与到了这个无意识的交流"游戏"中。他们以眼神来交流，表达爱慕、怀疑或鄙视。轻微的手指移动、面部表情的变化、看似无关的话语、说话的语气、步态以及整个外表都揭示了一个人的全部人格以及他对别人的反应。"一个巴掌拍不响"，两个人之间发生的一切都是两个人的责任，并由两个人共同推动，虽然看上去好像是其中一个人先动了手，所以似乎该由他负责。然而，这种结论是由于观察不充分而产生的误解。就像我们的眼睛会错误地看到，闪电球好像只是从一个方向传来，但实际上，它是来自两极的电力迅速碰撞产生电力的结果。

我们对彼此的了解远远多过我们自己意识到的。我们对他人有意识的印象，实际上只是我们真正了解的一小部分，而这些了解还是来源于我们所称的直觉、预判或者用不太华丽的词来说，就是预感。如果用眼睛来比喻的话，可能会更容易地说明这个机制：视网膜（眼球里使眼睛有视力的组织）只有中央的一小块区域可以清晰地区分不同的形状和颜色，而视网膜周围较大的褶皱部分则负责物体位置和运动的模糊印象。因此，我们的视力范围比目光敏锐聚焦的画面要更加广阔、丰富和深入。其他感觉也是这样，我们可以用耳朵分辨出别人的语气，尽管我们并不知道这源自我们无法直接感知到的泛音。在此，我们有必要举这些例子，因为这将帮助我们明白这一点，即我们接受或拒绝他人，实际上是基于无意识了解的内容及决定，而我们的意识其实很难观察到这一点。如果我们没有认识到配对过程中的这些心理学原理，我们就无法理解所涉及的问题本质。

配对满足了个人的秘密期望

一个人隐秘的目标和期望就像指南针一般指引着他。他会不自觉地，只对那些正好与他计划相匹配的外部刺激做出反应，并恰好能识别出那些符合他期望的机会。一个想要结婚的女孩选择的那个男人，应该是正好提供了她想要的东西的男人。不过，每个女孩的需求也不尽相同，虽然她们在成长的过程中都对未来的丈夫有些常见的需要，但她们的内心往往要丰富得多。尽管在表达有关婚姻的愿望时，有意识的语言往往五花八门——一个女孩想找个人做伴，另一个女孩想要通过婚姻来提高自己的社会地位和财务上的安全，还有一个女孩想要寻求快乐和刺激——她们都想要合作、理解、关注、奉献和忠诚。但是，她们中很少有人能够找到一个符合所有条件的丈夫。

选择绝非偶然。这里面有着深层次的个人需求，它们会对最终的决定产生影响；而且，虽然这听上去有些不可思议，但每个人从伴侣身上获得的对待方式，都与自己最开始的秘密期望相一致。当我们突然或者逐渐接受某人作为我们的理想伴侣时，所满足的需求又不是常规意义上的需求——常识里的那些需求。当我们遇见一个人，他的个性为我们提供了一个看清自身行为模式的机会，当他能热烈回应我们的期待，或者接纳我们儿时就构筑起的美好梦想时，我们就会被这个人深深地吸引。同时，我们也会不自觉地引导、激发这个人做出与我们的期待和需求相符的行为。如果人际交往中有一个人变了，那么另一个人的表现就会完全不同。

过去影响现在

另一个影响我们择偶的因素就是，这个人和我们之前的交往对象很相似。可能是身体特征或行为方式的相似，或者是更为重要的性格特质相似，这个性格特质为我们提供了一种重建我们过去熟悉的关系模式的可能。我们之前和异性交往的经验，会对我们与每一个新认识异性在初次见面时的态度产生影响。早期的经验越深刻，就越会影响新关系的建立。这些早期印象的影响不仅能通过它们之前所唤起的情绪强度和持续时长来衡量，不管是愉悦的还是困扰的情绪，而且还能用它们对我们对待生活展望的影响程度来衡量。这一事实可以用来解释，**为何童年的早期经历，即使十分自然且随意，没有引发强烈的情感波动，却会频繁地影响我们的伴侣选择**。这些经历在我们的人生规划中起到了重要的作用，基于过去的人生计划，未来的关系几乎很难改变。一个小时候被纵容而且一直依赖他人的男人，终其一生很可能只会被这样对待他的女人所打动。小时候他被纵容得越厉害，择偶时期"纵容"这一现象就发生得越早，持续的时间也会越长，他选择的未来伴侣就越像儿时纵容他的那个女人，这个人通常是他的母亲或姐姐，人们早期的印象往往决定了他长大后面对异性时的品位。

个人品位

我们在爱情中的品位，其实可以追溯到过去那个回应过我们渴望的异性。我们现在的态度可能是攻击性的，或是退缩的，可能是勇敢的，也可能是怯懦的，甚至随时可能发生变化。在任何时候，我们的选择都是基于自己生活的条件和需要，这些又从过去的经历中产生。

但是，我们的偏好同样也反映了我们的想法和幻想，不过，当前的想法就不仅仅基于我们过去的经历了，它们还受到整体的环境刺激。个人的品位不仅仅是个体渴望的体现，还反映了他所属的群体的品位。那些被认为是理想伴侣的形象，是整个社会群体的想象力创造出来的。社会条件变化了，理想的形象也随之变化。时尚、女人的衣服款式，甚至女人的身材，都受到社会条件和女性社会地位的影响，正如一切事件都会影响这个社会的生活方式一样。战争、繁荣、萧条等都直接反映在了服装款式上，时装中所体现的女性社会地位的所有变化，其精确度和速度令人惊叹。女人的发型、裙子的长度、身材的轮廓、重心或者区分身体部位的方式等，都是对这个变化的典型反映。对女性而言，装扮得更男性化或女性化，不仅改变着男人的品位，而且还体现了女性对男人意见的评价。①某个艺术家大受欢迎，以及他对大众情色品位产生的巨大影响表明，这个艺术家把握住了整个社会的普遍趋势，而且成为这个趋势的倡导者，可他自己并没有意识到这一点。电影明星和演员通常在表现大众的欲望和影响理想形象方面居于卓越的地位。我们很难从大众的需要中，区分出某一个体所作出的贡献。影响力和响应在很大程度上是相互依存、相互转化的。

不过，现如今出现了一种新的发展方向，大部分人会选择年龄偏大的男性或女性作为伴侣，这样的明确趋势让人们很是困惑，似乎需要我们多加分析和考虑。首先，现在更多的男人小时候是被娇惯的孩子；其次，男性社会地位的下降使得他们更有可能拒绝"男性优势"带来的责任和重要地位，转而去寻找一个可以照顾他的女人做自己妻子。

另外，那些依然认为男性处于优越地位的女人（这是她对过去的文化继承），则隐隐希望可以找到一个像她父亲一般的男人，而事实上，她几乎不可能在同龄男人中找到这样的人。于是她只能去寻找一个比她年长、阅历更丰富、发展更稳定、能够提供父亲般关怀和保护的男人，而这样的男人在他的同龄人中往往也找不到伴侣。而年长的那一方，通常更乐于承担责任，并以此来换取超越仰慕者而带来的优越感和满足感；更丰富的经验使他们更容易保持自己的优越性，而不会引起对方的反抗。选择比自己年长很多或年轻很多的伴侣，有可能是通往幸福婚姻的积极趋势，也可能意味

---

① 男女特点混搭是美国时装的特征，这表明我们当今社会女性解放和压抑同时存在的奇怪的混合氛围，这一点在其他地方很少见。女性服装要么模仿男性款式，要么通过暴露，不惧侵犯来强调极端的女性特质。

着轻易成功之后的苦苦挣扎；这一切都取决于做出选择时是基于勇气还是懦弱。

美的意义

与品位密切相关的就是美的意义。艺术家也许会用黄金分割来给美下一个客观的定义，但是普通人对美的判断仍然非常主观。美就是我们所喜爱的东西——那些给我们视觉享受的东西。个人的品位决定了什么是美，尤其是在涉及性时。女性的美、男性的力量——男性的力量超越了美——这些都是择偶的决定性因素。但是我们为什么会选择这类特定的标准呢？某些过去的理论认为，这是由于这两个特质代表了健康，而在生殖中健康最为重要，这似乎为我们择偶提供了一个坚实的理论基础。但是，这些理论并没有解释，为什么我们会将美作为女性的特权，而将力量作为男性的标准。

美和力量，分别变成针对女性和男性的标准，可以说是父权制思想的证据。事实上，健康并不是信心的基础，而美和力量都来自于信心；病态美在性上的吸引力一点也不差，而发达的肌肉背后，往往隐藏着堕落的身体和腐朽的思想。真相就是，父权制下社会的美和力量都是社会价值观的体现；女性必须"美丽"，从而能够用她的外表来吸引求偶男人的目光，而男人之后将骄傲地展示妻子的美丽，就像展示他的战利品一样，以引起其他男人的嫉妒，这样他就能够提供保护和支配女性。在男人眼中，他已经用征服的力量给配偶留下了深刻的印象。而一个漂亮的男性会显得有些柔弱，因为他的行为举止很女孩子气，肌肉发达的女人则看起来"阳刚"。美和力量因此就变成了性吸引力的基础因素，我们称之为"性感"。当前整个社会在两性之间关系上的变化也会对这样的价值观进行调节。女性美也许不再是一种社会资产，而是被视为更加个人化的私人偏好的基础，甚至有可能会变得完全不再重要。

"性感"这个词的含义放大了这样的变化。尽管在性质上似乎与肉体有关，但"性感"正越来越成为一种精神和情绪体验的表达，而不只是肉体的质量。随着纯粹的美的吸引力逐渐消失，这一点正变得越来越明显。但是，是什么将性感和美区分开来呢？美会激发男人的爱慕，"性感"则会激发男人的性兴奋。性感的女人往往使人兴奋，无论她是否意识到了这一点。再进一步说，她知道自己有这方面的魅力。缺乏外表魅力并不能构成障碍，因为美丽只不过是少数人凑巧拥有的资本。每个女人只要有兴趣勾引男人，她就会变得性感，就可以展现出让人兴奋的能力。很多平庸的女人在回应突如其来的关注和爱慕之时，会突然变得很有吸引力，从而改变了她们对自己的概念。男人的性感并不需要化妆品和若隐若现的诱惑来吸引女人，不需要以此来激发她们的兴奋和想象，但是这些都表达了同样的意愿，那就是征服女性和必胜的信心，正如女性的性感。

虽然性感受到广泛赞誉，但是仅仅因对方性感就心动仍然可能是愚蠢的做法。通常来说，性感的人并不是一个潜在的好伴侣。一个性感的女人结婚后，如果她保留了让男人兴奋的渴望，那么她的丈夫可能就会活在猜疑当中，要是她满足于自己的婚姻，放弃了让自己性感的渴望，那她最后可能会因为人老珠黄而失去丈夫。不管是哪种情况，她都改变了结婚前的平衡状态。对兴奋的渴望表明了对获得满足的渴求，这是永远没法实现的。这种关系的目标就是关注和征服他人，而非满足和持久的伴侣关系。

通过刺激这种反常现象的发生，美反过来会成为婚姻的阻碍而非婚姻成功的优势。美丽的女孩可能会期望得到很多关注，但过度的关注让她内心滋长了依赖的心理，因此，她很少考虑到在社会中，她必须要靠自己的能力去承担相应的责任。错误的野心和虚荣心，如果结合了对其他人看法的依赖，那么就会使她缺乏自信。所以，虽然美丽的外表引发的是娇纵，却最终阻碍了那些良好品质的形成，并且会妨碍男女之间的相互合作。所以，很多美丽的女性在婚姻中总是失败。她们获得了很多的关注和爱慕；她们也在性爱的满足中获得快感，可她们的内心却是空虚寂寞的。年老色衰的恐惧始终高悬在她们头顶。迷人的女孩和风流的男人是合适的交往对象，可偏偏是这两种人常常让我们迷恋不已。

　　品位与偏好是让我们与伴侣相爱的表面原因。但是，它们往往展现了人们根本意识不到的内在动机。选择伴侣的整个过程建立在我们深层次的心理过程之上，这些心理过程我们往往很难通过内省和自我分析而知晓。但是，每个人都知道而且感觉到，这就是他想要的，我们能够识别出自己的渴望和愿望，可往往对这些真正的目的、目标一无所知，特别是当我们的意图与社会常识相悖，与社会传统、普遍生活情况、事物发展逻辑相反的时候。一个社会适应良好的人，如果勇敢、自信，对自己的未来和幸福充满理想，那么他可能会凭直觉选择一个可以给他带来幸福和和谐关系的伴侣。一个缺乏勇气、悲观的人可能依然渴望爱情、心动和婚姻，可他的悲观倾向却会使其误入歧途。他要么对眼前的大好机会视而不见，要么主动远离可能的好运，因为他自认为，这个机会不符合他内心的行动方案。他的内在防御机制可能会导致他的一系列态度和行为，这些态度和行为让他在性和婚姻中遭受挫折，最终这些挫折和行为又成为未来更深层次挫折的借口。

距离的产生

"距离"是防御的特效武器。如果一个人不想屈服于他人,他有很多种方法让自己与爱情产生距离。有人选择"广撒网",一个人如果被不同风格的异性吸引,他就不会完全接纳一个人。精神之爱和性吸引力之间、喜欢和肉欲的分离,也说明了这个隐秘的目的。一个男人可能会爱上一个高尚的、有教养的女人,却在性方面觉得她"可远观而不可亵玩";正如弗洛伊德[1]所言,她可能正好符合了他母亲或姐妹的形象,这一点或许是事实,不过这种心理上的"揭示"可能错过了非常重要的一点。

这种类型的女人很有可能是这个男人故意为了与她保持距离而选择的,这样的距离通常也不会让女人反感,丝毫不妨碍她因为感觉到了他的崇拜而产生的愉悦和兴趣。男人选谁作为这个形象,使用这个形象用作何种目的,其实是因人而异的。如果我们仅仅看到这是对母亲或姐妹压抑的"乱伦情结",那完全就是对这种情况的误解了。类似地,有些男人独独偏好那些在社会地位和精神生活上处于较低层次的女性,把她们视作性满足的对象,这就和前面的情况没有多大关系,他的目的,更多的是为了保持男性的优越性,与逃避和谐婚姻的责任有关。"贬低和理想化都能产生距离感!"(阿尔弗雷德·阿德勒)[2]如果一个自己本来看不上的人对我们产生了性吸

---

[1] 西格蒙德·弗洛伊德:《论人的特定类型的对象选择》(*Uber einen besonderen Typus der Objektwahl beim Manne*),《简论神经官能症理论》(*Sammlung Kleiner Schriften Zur Neurosenlehre*), Internationaler Psychoanalytischer Verlag, 维也纳, 1922年。

[2] 阿尔弗雷德·阿德勒:《同性恋行为的问题》(*Das Problem der Homosexualität*),《性爱训练与放弃训练》(*Erotisches Training und erotischer Rückzug*), S. Hirzel, 莱比锡城, 1930年。

引力，而另外一个人，虽然他诱发了我们的自信和爱慕，却根本激发不了我们的性兴奋，那并不是他的错。其实，我们不过是在分裂自身的隐秘目的。我们接受了一个人的性，在精神上却只接纳另一个人——我们会谴责另一个人无法同时满足我们的两种需求。这种混淆因果关系的行为是多么愚蠢哪！

选择聪明的伴侣

还有一种我们熟悉的方法，也是婚姻中的人为了跟对方保持距离、避免跟对方融合的常用方法，那就是选一个已经被其他条件所约束的伴侣，这是一个很好的逃避责任方法。很多男女似乎有无限的本能，他们会选择不再自由的人做配偶。他们对自己接二连三的"霉运"感到迷惑了，他们不明白，为什么每个打动他的人都早已名花有主。

有个女孩向我抱怨她身上的不幸。她在选择伴侣时，总是无法摆脱她之前的关系。我问道："真的从来没有成功过吗？"她承认："有一次成功了！"那是在什么情况下呢？她深深地爱上了一个被她极度理想化的男人。突然，她对他的感情消失了。她一直以为，她的爱之所以消失，是因为她发现了他的缺点，意识到自己之前将这个男人捧到了一个本不该的重要地位。但她不知道的是，这一态度的转变实际上是在这个男人彻底与他的前女友断绝往来，并决定全身心投向这个女孩时发生的。这两件事情的发生并非巧合，现在这段关系需要她付出承诺、承担责任了，需要履行她炙热的、公开承认的爱了，她退缩了，这才是她改变的真正原因。

这个故事说明了极其重要的一点：当一个拥有正确心理态度的人意识到

无法克服障碍的时候，会把他的兴趣转移到有希望的伴侣身上。可是那些避免完全与伴侣融合的人，之前这一无法克服的障碍才是他真正产生爱意的原因，他在此为自己亮了"绿灯"。所以，当情况逆转，现实让他们之间没有障碍时，他立马变得兴味索然。这时，他把"红灯"亮了起来。

给错误方向开"绿灯"

有一个男人，他在四十岁之前一直尝试着结婚。他很努力，却都失败了。二十多岁时，他想和一个一直在犹豫要不要嫁给他的女孩结婚。他刚遇到她就向她求婚，这让女孩目瞪口呆。他便继续求婚，但是他越催促，女孩就越是犹豫。她越退缩，他逼得就越紧。最终，他放弃了。几年之后，就在那个女孩认真考虑要嫁给他的时候，他断绝了与她的联系，这只是巧合吗？后来，他爱上了一个有夫之妇。多年来，他一直诱使她离开她的丈夫，但却只是徒劳。她并不打算离开她丈夫，所以这个男人最后还是放弃了。

有一段时间他一直找不到合适的伴侣，直到他爱上了一个寡妇。他们在一起稳定地过了很多年，但是她也不愿意跟他结婚，尽管她承诺很爱他，可她更愿意靠她已故丈夫的退休金生活，因为这给了她完全的独立性。他至今还清楚地记得那一天，他第一次意识到自己爱她。那是夏日星期天的一个午后，他们一起坐在一家餐厅的花园里，他告诉她，他想着有一天，要带她去乡下见他的父母。她迟疑了，然后说："不。"他感觉到了一阵突如其来的心痛，伴随着震惊，他终于意识到，自己对她是多么在乎。

然而，他不知道的是，她拒绝与他的父母见面，是想通过这种方式来表达她不愿意和他结婚的意愿，而这是他的"绿灯"，也就是一个没希望的标志，即使这种情况对其他人来说是"红灯"。最后，他离开了她。在寻求精神科医生的帮助时，他很绝望，尽管他还是疯狂地想要找到一个妻子。我无法想象他真的能找到一个女人做伴侣，因为他其实给自己设立了一个聪明的拒绝计划，当热心的亲戚朋友给他介绍他们认为适合他的女孩子时，他的这个拒绝计划立马就上线了。如果这个女人与他年龄相当，他提不起对她的兴趣；可若是这个女孩太年轻了，他又害怕自己无法让对方满意，还担心她会背叛自己。而那些贫穷的女孩，则会让他怀疑自己会遭遇骗婚，要么就怀疑女孩只是为了他的钱才嫁给他，那些有钱或收入很高的女孩，他又害怕对方太过独立，让自己失去影响力……

从对他的心理分析可以看出他的成长历程。他生长在奥地利的乡村，那里的男人拥有着男性特权。他的父亲是个强硬的人，并在家庭中占支配地位，这个强势的形象给他留下了深刻的印象。他尽力去效仿他的父亲。在这样一种男性专制体系中，男人凭借着生理优势和男权观念成为统治者，而他的妈妈和姐妹则是暴君统治下的受害者。他想像他父亲一样拥有统治地位，但是又怀疑他自己的能力是否如他的父亲所看起来的那样，这就是他悲哀的矛盾。他一方面犹豫不决、过度谨慎，另一方面又变得过度激进。他想结婚，然后成为"老板"，但是他又害怕自己无法做到。当没有意识到这一点时，他只会在女孩不想嫁给他时，才愿意继续跟她在一起。这样的话，他就既能保留他想结婚的渴望，又能保持他的孤独。

在精神治疗过程中，他开始理解了自己。他的紧张感以及与之伴随的神经症状消失了。在接受治疗之后几个月，他来跟我说，他订婚了。我很好奇，一直以来都在询问要在哪里、要怎么样才能找到适合自己的女孩的他，是如何找到订婚对象的。他说了下面的故事：

> 有一次在看马戏时，第一排有一个非常漂亮的女孩，深深吸引了他。他正琢磨着该如何去接近她时，注意到这个女孩是跟一个少年一块儿来的，这个少年看起来有点儿眼熟。于是他借机走过去跟他们交谈，实际效果比他想象得要好：他向这个少年介绍了自己，结果发现他们曾经在一个旅行团里碰过面，而这个年轻人只是女孩的哥哥。几周后，他就跟这个女孩订了婚。

这个故事意义重大，因为它揭示了一个问题。人们在问"我该如何找到一个伴侣？"时，我们应该告诉他，"去看场马戏吧"。生活给每个人都提供了各种各样的机遇，我们只要好好地去利用它们就行了。如果我们根本找不到一个合适的人或者总是遇到错的人，那么只能怪我们自己抱着错误的态度和期许了。

缺陷的吸引力

有无数的人会爱上那些根本就不能给他们带来和谐婚姻的人，或是被这种人所吸引。人们可能会对一个好的结婚对象视而不见，却跑去苦苦追求那些非常值得怀疑的对象。这一情况的产生有两个隐秘的原因：一是保持自己的优越性，二是受苦的希望。如果是前者，就会倾向于选择地位低或者不合适的伴侣；第二种会选择一个尽管具备某些品质，却会给他带来不满甚至折磨的人，他只能使我们痛苦，人们却从痛苦中得到了慰藉。有些人选择伴侣完全是因为他的缺点。我们可以很容易地发现，**正是那些处于痛苦婚姻中的人，互相选择了彼此。每个人抱怨伴侣的那个点，恰恰就是那些在婚前吸引了我们的因素。**

有一个女人的婚姻生活非常不幸。她的丈夫赌博，不但没有一份稳定的工作，还把她的钱强行拿走，满口谎言不说，还丝毫不愿意承担家庭责任。而这位女士呢，却是个精致、诚实、和善的人，她不明白自己当初为什么在所有人中偏偏选择了这么一个男人做老公，她其实一直都希望能有一个平静的家，一个体贴的丈夫。通过交流和询问，她表示，在遇到现在的丈夫之前，曾有一位男士向她求婚。据她描述，那个男人就是那种会给她带来安全、舒服、陪伴和奉献的男人。虽然她的现任丈夫当时就已经是个游手好闲、嗜赌成性，还喜欢拈花惹草的花花公子，可她却偏偏更爱他，对她更具吸引力，虽然她根本搞不清楚这个吸引力从何而来；她原本以为，这个男人需要她，而且她能把他改造成一个优秀的丈夫，让她眼中他身上的闪光点展现出来。这些都是她自己的合理化结果；她并不知道真正的原因。在小时候，她曾因为自己的哥哥和弟弟而被父母忽视，她感觉自己低他们一等——因为她的性别——于是她试图使她自己在其他方面变得优越，比如比她的哥哥们更加努力地工作，变得更加可靠，还承担起了很多超出自己义务范围的责任。长大成人后，她仍然需要这种优越的感觉——所以她选择了一个懦弱的、不稳定的丈夫。

人们经常会在记忆中勾勒出一个完美的伴侣——一个这辈子已经失去的人。为什么我们只有在失去机会之后，才意识到他可能就是那个合适的人呢？

有一名患者跟我说，他爱上了一个如此美好、如此合拍的女孩，以至于他觉得不可能再找到像她那么好的女人了。她肯定是个理想的妻子。可他不明白的是，他总是想方设法地去挑起战争。尽管她也很爱他，而他也深爱妻子，但是，因为这些无休止的争吵，他们的感情破裂了。现在他终于承认，在恋爱期间，他时常会想，她太聪明了、太能干了，以致他觉得自己永远也不可能达到她的高度。离婚后不久，他就爱上了一个被宠坏了的、朝三暮四、没什么价值的女孩，但是她却给他提供了一个证明自己优越性的机会。于是，他跟这个女孩结婚了，可是他们的婚姻生活同样也成了一场灾难。

另外一名患者抱怨说，他的妻子一点儿也不主动，一点儿也不能干。她太被动了，一点儿不愿意承担责任。患者坚持认为，虽然他有神经方面的困扰，但是如果他的妻子更能干、更独立的话，他早就成功了。而眼下的局面是，他必须照顾好家里的大小事务，里里外外都要打理。她造成的障碍远远多于提供的帮助，她花钱大手大脚，也无法让家庭气氛愉快。那究竟是为什么，世界上有这么多人，他偏偏选择了她呢？他说自己当时并不知道她是一个什么样的人。我邀请这位妻子来和我面谈。她是一个腼腆的人，但是非常诚恳，非常坦率。在她的故事里，他处处限制着她的活动，并剥夺了一切使她有用的机会。甚至在她开始做事之前，丈夫就一直在打击她，然后自己把事情做完。她还发现，当她主动做某事或承担起责任时，她的丈夫就会生气不安。

为了避免矛盾，她只好将一切事务都留给他做。她以为，他希望自己完全依赖他，而她很可能是对的。

这就解释了他会跟她结婚的原因：他娶她恰恰就是因为她不能干又被动。这就是他想要的——一个可能会尊敬他的低一等的人。如果她不是这样的人，他的家庭地位就会受到威胁；另外，他也就不能为他的缺点找借口和替罪羊了。作为家中的长子，他始终希望保持第一，但却发现，在家庭之外，他的远大抱负难以实现。

还有一个男人抱怨他的妻子刚愎自用、专横跋扈，只给他很少的零用钱，从来不让他独处，总是不停地唠叨他、责备他。而他和她结婚极有可能就是因为这些品质。一个被妈妈宠爱的儿子，他在与女孩接触的时候很害羞。当初次遇到妻子时，他因为她对自己的关怀很是开心。她就他的着装和行为提出了一些建议。比起昂贵的场所，她更希望他和她待在安静的家中度过安静的夜晚，这样可以省钱。她和他遇到的任何一个女孩都大为不同，他很喜欢这样。可是，结婚之后，他却后悔了。难道他真的不知道她是一个什么样的人吗？还是说，她变了？都不是。如果他选择了另一个女人，那么很有可能，他也不见得比现在过得更幸福。

现实中也会发生这样的故事，比如，因为对某种类型的伴侣失望透顶，所以再婚时找了一种截然不同的类型。某些生活方式非常死板的人可能会再次选择相同类型的伴侣，并且永远也没办法学会怎么和对方相处。一些有勇气的人会选择相反的极端，但是，现实往往证明，这也不是有益于婚姻幸福的选择。一个曾经对肆无忌惮的、不顾及他人感受的丈夫感到极度失望的女人，在离婚之后，也许会钟情于那种做事井井有条、值得信赖的男人，只可惜，后者太过谨慎，因此根本不可能和她结婚。一个一直被前妻牢牢支配的男人，之后可能会和一个轻浮的女孩结婚，但是这个女孩可能会对婚姻、家务和孩子漠不关心。这些极端现象有着共同的本质，那就是两个人不是相互合作，而是不统一且有摩擦矛盾。

不管丈夫或妻子的抱怨是多么真诚，为了与他人保持一致而改变自己通常都是徒劳的。这些令人烦恼的特质不仅有吸引力，而且会在婚姻生活中不断地得到更新。甚至哪怕是之前的美德变成了缺点之时，这些缺点还是能够被用来维持早就建立好的平衡。从未婚夫的节俭可以预见到丈夫的吝啬，从慷慨可以预见到未来的挥霍，有条有理变成过度的谨小慎微，从信心十足中，可以预见到一个人对支配地位的渴求，喜欢家庭生活又会变成无趣的宅家不出。但是，如果受批评的一方改变自己的行为，也是危险的。那个一直抱怨自己的妻子无能和效率低下的患者，会对妻子任何想要独立的做法更加怨恨。"妻管严"在没有得到"应该的关心"时，就会感到自己被妻子无视。帮丈夫还赌债的妻子，如果丈夫变成一个负责任、有条理、"沉闷"的男人时，她又会怀念自己担负责任时的成就感和牺牲自我的美德。那个抱怨妻子"轻佻"的丈夫，如果妻子不再吸引其他男人的注意力和倾心，那他可能很快就不再对她感兴趣。实际上，每个人都对维持配偶的过错和缺点非常感兴趣。

生活方式的回应

那些影响我们选择伴侣的因素，往往与我们婚姻中所遇到的种种冲突密切相关。这种关系并不单纯只是有意识的选择和合乎逻辑的结果；更大程度上体现的是两个人性格的融合程度。在两个人决定结婚的那一刻，他们其实感觉到了双方的生活方式是一致的。即使是喝醉了或在性兴奋的状态下做出的草率决定，也代表了双方认为他们的一致性超过了一般的程度。尽管这种选择被视为纯属意外，而且总是带来失望和迅速解体，但在那一瞬间，却是两个人个性的真实反映。他们在生活中的总体目标是融合的，无论他们实现融合的时间有多长。

两个人做出了承诺，双方的生活方式也实现了融合，这并不意味着他们的生活方式是完全一致的。相反，他们可能需要差异来互补。两个个体，如果都不想支配对方可能会适应得很好，而两个都想支配对方的伴侣则通常都会输得很惨。但从心理学上来说，我们必须把人们那些非决定性的性格特质，与那些起决定作用的总体生活方式区别开来。夫妻双方可能都野心勃勃，或者两个人都怨气冲天，但他们却相处得很融洽；那些似乎完全相同的特质让他们融合得更为紧密，但决定性的一点并不在于这个共同特质，也不是——我们补充一点——很多人所认为的共同爱好，实际上是他们的总体生活模式，是他们借以取得优势、避免痛苦、获得成功或安全感的方式。这一点解释了为什么年长者会找一个年轻人作为伴侣，为什么一个喜欢主导的人会和依赖服从的人结婚；这还可以解释为什么残忍的人会选择道德高尚的人结婚，而流氓无赖会找到他想保护的受害者。大多数的普通夫妻都是上面所说的这些类型，也就是我们常说的极端类型，实际上并没有我们想象的那么反常。

F女士发展出了和她的妹妹竞争的人格，她在智力、学业和社会地位上也确实更胜妹妹一筹。她先是通过打败对手维持她的地位，赢得了父母的认可。她也无意识地，将妹妹的缺陷引发了出来。后来，F女士跟一个在姐姐的阴影下长大的男人结了婚，虽然他们之间冲突不断，婚姻生活很不幸福，虽然他们总是抱怨着对方的"不合适、不相容"，但是他们却非常完美地适应了彼此的生活。尽管妻子发现丈夫并不聪明，而且行为粗鲁，令人无法容忍，但是很明显她从中受益了——并且很可能找到了她一直渴望的东西。

O女士有好几个兄弟，她是唯一的女孩。她十分抵触男性气概，却总是希望自己扮演一个男人的角色。相反，她的丈夫却有一个非常有男人气概的哥哥。他从小就有一种想法，自己不能成为一个"真正的男人"。于是他早早地退出了男性竞争，并在艺术中找到了他的避风港，而他的妻子则在男人的世界中为他战斗，同时，他们却又对彼此不满，O女士经常因为两人的社会生活和财务问题，指责丈夫没有力量和胆识，说他"女人气"。他们两人争执不休，但其实，他们能够很好地配合着一起生活。

下一个婚姻故事听起来更加不可思议。

主人公是朋友和同事们常认为的那种平凡的中产阶级夫妻。夫妻俩都非常聪明，同时也将他们的秘密保守得很好。女士嫁给了妈妈的恋人。她为什么会爱上他呢？在一定程度上是因为她确实恨她的妈妈，她厌恶妈妈的不忠和对爸爸的背叛。但主要还是因为她的妈妈表现出的对她的妹妹的偏爱。自孩提时代起，她就一直觉得自己因为妹妹的原因被排斥、被忽视，于是不断给自己寻找各种感觉上的满足以获得补偿。尽管她表面上对她的丈夫表现出极大的关心和爱慕，但是她早就看出，这个男人具有"引诱"他的情人的女儿的才能。在她千方百计使这个男人娶自己的过程中，她一开始就意识到了他们会有什么样的结果。

婚后不久，这个男人便表达了对她的愤恨，直言不讳地告诉她自己一点儿也不在乎她；他觉得妻子故意把他骗进了这场婚姻中。她默默地接受了他的态度，继续保持自己热烈的感情，等着他回心转意，但不久之后他就离开了。可很快，他又回来了——因为他们俩之间很般配。但是他给她带来了一件礼物——淋病。但即便如此，她还是没有打消对他的爱。之后，就在她刚刚生完孩子之后，他再一次离开了她。她依然耐心地等着他回头——这一次他带回来了梅毒。即使是这样，她还是没有离开他，几个了解他们情况的人根本无法理解她为什么这么容忍，这么屈从。一些人试图将其解释为"性奴役"。但事实是，"感性"是她唯一的理想，她心甘情愿去经历这些受苦的感觉。只是与此同时，她用她的痛苦作为借口来惩罚她的丈夫，就像她以前用同样的伎俩惩罚她的母亲那样。如此，她觉得自己比那个有罪的"施虐者"更加优越。只要稍微有点常识，站在丈夫的角度来审视整个情况，我们就能发现，许多小事故和细节表明，是她主动激起丈夫对她施虐。她要做一个"无辜的受害者"这个隐秘的意图，就是她选择这个男人做丈夫的原因，也是即使她的丈夫对她进行了无数次残酷的虐待，可她依旧不放弃他的原因。其实，在这段婚姻中，最主要的问题并不在于我们看到的那个丈夫，而在于这位"圣洁的"妻子。

吸引的真正原因

我们选择某个伴侣的真实原因是秘而不宣的，往往会被一些似是而非的合理化解释所掩盖。很多人为了获得安全感而结婚。可婚姻并不能带给我们安全感。生活本身就是没有安全感的。结婚解决不了任何问题；因为婚姻本身就是一个需要解决的问题，婚姻只会给那个跟我们一起生活的人增加新的任务。有些人是为了提高社会地位或财富而结婚。当然了，配偶，特别是妻子可能会上升到跟丈夫同样的社会地位上，而男人们有时候也很享受自己的妻子有钱。但是，即便是这些有着明显的利用配偶的地位或财务的倾向，实际上也表达了背后更为深层的个人和社会目的，不仅仅是体现出来的这些提高社会地位或改善财务状况的浅显的动机。还有一些愚蠢的男人结婚是为了通过廉价的方式来满足性欲，因为结婚可以把取悦女朋友的钱省下来。天下没有免费的午餐，因此，如果希望只付出便宜的代价，最后的结果当然只能是上当受骗。然而，**人们结婚的真正原因——无论他们主观上认为的原因是什么，都是对联系的强烈渴望，一种人们希望有所"归属"的基本人类需要，也是人类本质天性的一部分，正是这个天性驱动着社会的发展。**

在孩子们努力将自己与他人整合到一起的努力过程中，孩子的性格逐渐形成。我们因此而形成的生活方式，会吸引着我们向那个与自己的社会交往方式相匹配的人靠近。由于婚姻中涉及性与社会制度，这就使得婚姻关系比其他任何人际关系更加私密；所以，在选择配偶时，每个人的性格基本模式起到的作用比其他任何因素都更具决定性。

一见钟情

我们可以在顷刻之间，探测一个人的人性，同时认定——尽管是无意识地——他就是那个适合我们计划的人，这可以通过众所周知的一见钟情这一现象来证明。就像那些同性恋一遇到另一个同性恋，马上就能识别对方的性取向一样，我们几乎也在电光火石间，觉察到对方能在多大程度上满足我们的要求。

一个聪明又有魅力的年轻女人，嫁给了一个深爱她的富商。他们有了一个幸福的家庭和一个心爱的孩子。这段婚姻表面上非常美好，非常成功。她是一个活跃的女人，她的丈夫给了她充足的休闲时间，她便经常带着孩子去欧洲各地游玩。在某次游玩过程中，她彻彻底底失控了，她完全不知道这一切是怎么发生的。她遇到了一个男人，并立刻爱上了他，爱得那么深，以至于她为他放弃了一切——她的丈夫、她的家庭，甚至是她心爱的小孩。更让她无法理解的是，这个引起轩然大波的男人是一个相当平淡、沉闷，而且根本不帅的男人。他在一个乐队里当钢琴手，工作不稳定，只受过普通教育。他根本没法体会深厚的感情。对任何一个女孩来说，他都不是一个好的选择，而且谁也不知道他哪一点吸引了她。就连她自己也根本解释不清，这可能就是爱的神秘之处吧。

后来，她受了很多苦，尽管她做了这么大的牺牲，那个男人还是离开了她，于是她来接受精神治疗。通过对她过去的分析解开了谜题。她的爸爸很富有，而且只有她一个孩子，他把自己的一生全部献给了这个女儿。当她还是个孩子时，她想要什么就有什么，所以她不断索取，然后也能得到更多。她想要超过别人，想要被人爱慕，这种欲望非常强烈，而同样强烈的还有她对自己的怀疑。她一直在寻求自己比其他人优越的证明。她需要不断地证明自己比别人优越，才能平息经常产生的自卑感和不满足，因为她从未从事过任何工作，也没能通过努力作出贡献而获得过任何成功或认可。因此，当她的丈夫在她二十多岁时向她求婚，她便答应了，因为这个丈夫完全符合她的需求，丈夫的爱证明了她的优越性，他的收入不但保证了她的社会地位，而且还能够满足她的任何愿望。

她用各种方式来试验自己对丈夫的控制力，她提出的要求越来越多，给予的却越来越少——而她的丈夫也任由她摆布。她扔下他几个月不管不顾，全世界到处旅游，并不是因为她想要冒险，而是她已经对此觉得厌倦了，她想用这种方式来测试丈夫对她的屈从。但他越是退让，她就越无法感觉到满足。她开始憎恨自己过度依赖丈夫的宽容。虽然她试着支配他，但实际上他越来越强大了，她开始变得无足轻重起来。与此同时，她从来不允许自己被同阶层其他男人的爱慕而迷惑，因为她的道德也能使她维持优越感。直到她终于遇到了这个让她着迷的钢琴手。

现在我们很容易能够理解是什么在吸引着她了。在他那里，她发现自己在各方面都优越于他。在他们第一次见面时，她就直觉地意识到他们之间有了火花。她一点也不依赖他。她的优越性建立在她个人的贡献之上。只是她也做不了什么，因为她也没受过这样的训练。她的贡献就是她为他所做的牺牲；她所给予的，就是她所放弃的：孩子、丈夫、家庭、社交生活以及许许多多的便利。这个美丽、聪慧、富有的女人就像一个女神一般出现在了这个什么也不是的男人的生活当中。他接受和崇拜她，把她当成来自天堂的礼物一样。可是当她开始提要求时，他断然拒绝他的一切义务。结果当然是无休止的争吵。有一阵子，她还可以控制住他，但他开始反抗她的专横，而且感觉自己被虐待了，这的确就是事实。他的离开，终于让她一直以来追求的优越感彻底崩塌了。她不得不调整她的生活方式，好让自己回到生活和这个社会中来。

　　这一案例不仅仅证明了一个人可以在瞬间认识另一个人，而且证明了人类隐秘的倾向是怎样让我们做出决策的。那么我们该如何确保自己选择的人是对的呢？首先，我们必须牢记，爱情和婚姻不过是诸多生活问题之一而已。我们对异性的看法与我们对生活的总体看法相符——也就是和我们对待所有问题的看法相符。如果我们是在正确的道路上前进——即朝着勇气和社会兴趣的方向不断进步，朝着与别人合作、贡献自己力量和解决自己问题的方向前进——那我们的选择必然就会成为一个正确的选择。但假如我们的方向错误，该期望怎么做出明智的选择呢？在选择配偶方面，其实考验的是我们自身的调节能力。

感觉只是可靠的仆人

我们的感觉其实始终能够真实地反映出内在的基本动机。从这个意义上来说，我们可以跟着感觉走，它们会准确地带给我们想要的东西。它可能会把我们引向痛苦，但这并非感觉的错；感觉只是满足主人需求的仆人而已。真正需要负责的主人，就是我们的目的和期望，是我们对整个人生的展望。我们的行为——我们的择偶也是各项行为之一——能让我们意识到我们的基本方向。我们爱上一个人，是因为他的缺点还是因为他的优点？我们选择他，是因为我们期望获得保护还是其他的物质好处，或者是因为我们理解彼此。我们的爱，是以爱情产生的快感为基础，还是基于人类之间的亲密感？通过这些问题，我们可以了解自己的一些错误态度，从而产生疑问和探寻，使我们的爱情观和生活观发生改变。

理性是合理的选择依据吗

那么现在就出现了这样一个问题，理性究竟在选择伴侣的过程中起到了什么样的作用。既然我们的情感没办法保证做出正确的选择，那么人们可能会倾向于用理智去恋爱、去结婚。然而，理性如果没有感性的支撑，显然无济于事。如果选择是以完满为基础，以与他人的社会关系和合作的动机为基础，那么爱的感觉就会随之而来。只不过，相比于那些能够冲破社会常识与异议、美化不足的激情相比，这种爱的感觉没有那么猛烈而已。

与我们的理性相符的感情是另外一种不声张的喜欢、发自内心的钟爱，似乎比猛烈的感情更为牢靠。不过，无论多么理性的选择，在没有任何感情作支撑的情况下，永远都不可能是合理的，因为精心的计算只能说明内心的拒绝。那些通过理智而选择的伴侣，如果没有引发任何的情感，甚至连一丝丝同情心都没有，只能证明选择者本人内心不想去做，他做出这样的选择，很有可能就是为了跟对方保持距离而已。这样的婚姻只会让双方保持足够的距离，它无法提供任何亲密、温暖或顺从。但是，偶尔也会有这样的情况：在婚姻生活中，如果聪明的那一个人成功地建立起他的自信和勇气，那么"理性"的那一方也会偶尔以放弃自己和冷漠来防御。

在那个婚姻由父母之命、媒妁之言决定的时代，这种类型的婚姻几乎可以说是幸福婚姻的准则了，因为在那个年代，通常人们结婚只是出于便利。几百年来，没有爱情会在婚姻之前产生，只有在结婚之后才会恋爱。在这个时代，如果一个独立的人，带着冰冷的、算计的态度走进婚姻，那么他往往是在等待着坠入爱河的机会——只不过是在婚外情中。之后，这种"始料不及"的激情实际上会让他们在婚姻中与另一半保持着更远的距离，最终让婚内配偶为了赢得真诚的合作所做的一切努力化为泡影。

要说清楚"究竟是爱还是理性才是幸福婚姻更可靠的基础"，这几乎是不可能的，因为不管是只基于爱情，还是只基于理性的婚姻，都是不对的。若不能通过逻辑和理性来证明爱积极的发展方向，则这份爱情本身便不可靠；如果没有发自内心的真实情意，理性也只是非理性的说辞。我们这一代人，如果不是因为文化正在经历变更，特别是在性别关系上的巨大变更而感到疑惑，那么我们根本就不会有爱情和理性之间的问题，也就更容易看清上述这些简单的事实。通常情况下，个体，尤其是女性，新获得的独立会带来一种对"自由"的渴望，但其实这种自由的本质是不愿意承担义务，并不是真正意义上的独立。他们往往强调纯粹的爱，可是，这种"爱"与其说是完全接纳异性欲望的降低，倒不如说是拒绝没有激发起爱的人的借口。

逃避婚姻

正是因为没有认识到自己的错误态度，许多男女疯狂地努力寻找伴侣——他们从未放弃，只是很多人依然保持独立，无人为伴。他们没有能力去爱，至少他们不会爱；他们不愿意成为任何人的附庸，任何人也入不了他们的眼。很少有人能够认识到自己"成功地"逃离围城的真正原因。一个女孩怪自己太贫穷，另一个女孩则怪自己钱太多。贫穷的女孩戚戚于自己没有漂亮的衣服穿，怪自己没有钱取悦自己的朋友，所以无法找到自己的真命天子；而富裕的女孩则抱怨所有的男人跟她在一起只是冲着她的钱，而非她这个人。有一个女孩认为自己长得太丑，吸引不了任何男人，另一个女孩却把她的美貌当作自己失望的根源。事实上确实有些女孩会因为太过漂亮而被拒绝。对于男性想要表达欣赏而给予的关注，漂亮的女孩通常会置之不理，因为她们觉得那些男人根本不在乎她们的灵魂，只是喜欢她们美丽的外表。

这些理由听起来好像都很有道理，但却都不得要领。在婚姻美满幸福的人中，漂亮和不漂亮的女人都有；丑陋的女孩能嫁给非常英俊的男人，美丽的女人同样可以把婚姻经营得有声有色。就像曾经有一个女孩认为自己太过矮小而无法找到伴侣，而另外一个女生则会把自己的失败归咎于自己个子太高——她的一个男友身高只到她的鼻子，另一个男朋友身高只到她的肩膀，当我们听到这些或者其他类似的如身体缺陷等明显的荒诞理由时，和前面提到的那些理由一样，它们只不过是谬论罢了。

虽然生活在一个男人拥有选择权的男权社会中，但男性也跟女性一样，也会因为找不到伴侣而有着各种借口。不过，他们很少把责任推到自身缺陷上，而是推到经济或家庭条件上，更常见的是将责任推到异性身上。随着女性和男性一样拥有同等的地位，并且开始效仿男性的生活方式，女性也逐渐开始变得挑剔，并倾向于将她们单身的原因归结为找不到一个合适的男人。事实上，无论男女，他们独身的原因只会是他们自己胆小、害羞罢了。他们害怕自己在婚姻这场考验中遭遇失败。他们希望从伴侣那里得到安全感，因为他们自己缺少安全感。他们的态度是吹毛求疵的，他们的兴趣也短暂得像昙花一现。他们的要求太高了——自己却没有任何品质或资本，确保永远都能够获得舒适和便利。

寻求完美

我们可以在下面的案例中看出这种态度。

两个男人在街上相遇了。"嗨，鲍勃。你没事吧？你怎么看起来垂头丧气的？"鲍勃坦白说，他最近遇到了一个心目中的理想对象：一个完美的女人。他兴致勃勃地讲述着这个女孩多么漂亮、多么迷人、多么聪明、多么温柔、善解人意、谦逊有礼，而且还很富有。最后他的朋友打断他说："那你为什么还这么不高兴？"鲍勃回答说："什么都很好，就是我运气太差了。她也在寻找一个完美的男人！"

"完美的"男人和女人真的存在吗？曾经，有一位演讲者在演讲中试图说明完美无处可寻，为了证明他的观点，他询问他的听众，是否有人曾经听说过有完美的女人？没人回答。那有没有人听说过完美的男人？这时，角落里传来了一个细微的声音。"有的，先生，我听说过这么一位。"一个看起来温顺瘦小的男人站起来说。"你听说过完美的男人？是谁呢？"那个声音回答说："我妻子的前夫。"

事实上，完美根本就不存在，它只存在于我们的梦里，以及我们愚蠢地相信的——过去。但是对完美的追求却非常真实，它产生了强大的力量，能够让我们对现在已经拥有的一切视而不见。

欲望vs真正的意图

想结婚的强烈愿望并不代表想结婚的真实意图，只有行动才算数。

有一个小女孩从小就梦想着，长大后她要做一个快乐的妻子和妈妈。通常这样的白日梦表明出现了无法企及的情况。信心能使人行动，而非让人做白日梦。为什么这个女孩会对她未来的婚姻生活没有信心呢？这是由于父母不幸的婚姻让她深受打击，自孩提时代起，她就一直认为女人在婚姻中所扮演的是一个令人丢脸的角色。她的真实想法被梦幻所掩盖，不过这一点，就在她告诫她最好的朋友永远不要结婚时充分地显露了出来。尽管她自认为这个建议十分合理，但她自己却希望尽快结婚。她对亲朋好友的劝告置若罔闻，和一个她认为会娶她的男子纠缠不清。

几年过去了——这个男人结婚的意愿越来越弱了，最后就在她认为自己已经过了适婚年龄时，他弃她而去。她真的不知道为什么会这样，她永远不明白为什么在所有追求她的男人当中，她只倾心于这个男人。是否可以这样猜测，在那些美好的白日梦的渴望背后，其实隐藏着她对婚姻的巨大恐惧，而她也很早就发现这个年轻男人对婚姻也有着根深蒂固的厌恶呢？最后，她和另外一个男人的关系证明了她有逃避婚姻的无意识倾向。她永远也无法解释，为什么在她与那个年轻男人分开之前，她屈从了这个男人的性要求。她否认自己是想通过满足他的性欲的方式，阻止分手，以此来维系这段感情。她明白这段关系已经结束了。那么为什么就在她觉得这段关系已经走到尽头的时候，她会给自己的道德松了绑呢？这是她的"道德自杀"。现在她理所当然地认为，她已经被剥夺了与任何一个得体的、合适的男人结婚的权利。通过"道德垮台"，她为自己确立了新的、永久的借口来逃避婚姻。在成功地接受心理治疗之后，她改变了自己对男人和婚姻的态度，之后幸福地结了婚。

反对婚姻

除了那些想结婚但却始终找不到正确方向的人之外，还有无数的人会公开坦白他们逃避结婚的意图。他们中有些人会把感情失意当成一个美德；他们谴责整个婚姻制度，认为开放式关系和滥交才是英雄式的生活。其实，他们是把懦弱当成了英雄主义。一些人会将所有的罪恶归咎于女性，或把她们看作微不足道的卑鄙小人。在那个男性要很努力才能保持优越地位的时代，断袖之风四起（例如在古希腊，民主要求男女平等之时）。那些希望获得自身优越性的女性，也会准备着体验同性之恋，她们将男性描述为野蛮、迟钝和粗鲁的动物，以此来互相给予慰藉。性取向的倒错，表示出一种对"正常"性关系的逃避的渴望；也就是说，他们在逃避异性。[1]如果不能完全实现这种逃避，则可能会导致阳痿和性冷淡。阳痿和性冷淡其实不会妨碍兴趣、感情，甚至是性吸引，只是会让两个人的完全联结统一变得不可能，至少在生理上。

如何寻求正确的伴侣

找不到伴侣让人感到不幸、灰心失望、自我隔离。尽管不是所有不结婚的人都会孤独，但是独身会增加一个人的孤独感，让人不快乐。

对很多人来说，真正让人困惑的是如何找到一个正确的伴侣，或者说，我们怎么知道某个人是不是好的选择呢？遗憾的是，爱情没有公式指南。如果只跟着自己的喜好走，那么充其量就只是我们自己的个性化选择罢了；除此之外还能做什么呢？我们不得不承认，我们找到的人，一定是应得的那个人。真正的问题，不在于别人适不适合自己，而是取决于，依据自我

---

[1] 性倒错，特别是同性恋，是当前一个颇具争议的科学课题。一些人将性倒错归咎于生物异常，其他人则认为是由于性能量的干扰。我们治疗同性恋患者的经验表明，尽管他们反对治疗，但是只要我们能够改变患者对男女角色的基本观念，他们的性倒错是可以被治愈的。患者之所以不愿意，是因为他们想要证明自己的性取向是合理的。这一想法的背后，隐藏了他们对正常性关系的逃避倾向，以及想要维持自己如同英雄般壮烈而又不幸的这种自豪心理的需要。这一点比较难理解。一旦他们承受不住更多的痛苦，他们也就做好接受治疗的准备了，没有任何生理上的异常会阻碍他们痊愈的过程。对于那些"潜在同性恋"，如果我们意识到人类的性本质上很难归类，它没有确定的形态，并且能够引向个体寻求的任何满足，我们就会明白，"潜在同性恋"这个说法似乎是没有什么意义的。

认知和现存条件，自己能不能、想不想做到最好。究竟谁是适合我们的人，一直让人困惑不已，文学、戏剧和电影一点也没有减少这份困惑。诗歌、宗教和浪漫小说无形中让人们形成了"天作之合、命中注定"的先入之见，即唯有天意（不多也不少，就是刚刚好）让两个人走到了一起，没有什么能阻止天意。所以，人们会被动地等待着"命运的安排"——但他们要么根本找不到"天选之人"，要么无法识别出天意。其实，没有谁是为了某个人量身定制的，没有任何人来到这个世界上，就是为了等待另一半的出现，从而让他填补自己的空缺，让自己变得完整。无论什么时候人们坠入爱河，都会觉得眼前的这个人就是"天选之人"。如果这是真的，那么就不会有人从睡梦中醒来，感觉自己头痛不已。"合适的人"是由理想、诗歌、幻想和神秘主义幻化而来的"白日梦"。一些科学研究曾试图证明，不同的选择确有优劣之分。[1]不过，研究结果并没有那么浪漫。社会背景、教育程度、宗教信仰和共同爱好这些因素，根本不是什么神秘的早已注定的宿命。科学调查显示，每个人都会遇到很多适合自己的异性伴侣，很多都是好的选择；甚至于那些看起来不那么好的选择，有时候只会让我们的婚姻稍微那么不幸一点点，不会让我们完全感受不到幸福。选择恰当的主要因素是，首先要有选择的意志，同时还要有普遍常识和在当前环境中保持最佳状态的决心。做了这些事情的人，他们都能找到正确的伴侣——否则他们永远不会满意。

　　人们越缺乏勇气，他们的选择就越糟糕，之后，他就会更多地寻找借口，而不是寻求机会。但是，事实上不论我们选择了谁，都有好的一面。没有绝对的坏人——就像不可能有十全十美的人。所有的事情都依赖于我们在自己的配偶那里看到了什么，发现了什么。

---

[1] 欧内斯特·W.伯吉斯（Ernest W. Burgess）、伦纳德·S.科特雷尔（Leonard S. Cottrell）:《婚姻成败预测》(*The Prediction of Success or Failure in Marriage*)，Prentice-Hall，纽约，1939年。

纠正错误的选择

那么，婚姻不幸福的两人能否通过改正错误，从而修正他们错误选择的后果呢？还是他们只能通过打破他们之间已经建立起来的人际关系，犯下更大的愚蠢错误？比起遇到新的、更好的姻缘，斩断已有的姻缘，其实要容易，而重新挑选配偶这个任务，一点也不比让自己努力适应目前的婚姻关系轻松。因为我们自己就握着那把成功或失败的钥匙。我们无法摆脱自己，因此不能通过逃避来改善目前的状况。假如我们和异性有了一段不幸的感情，那么必须去探究真实的自我。如果一个人在缺爱的婚姻中变得冷漠，他不必去找一个新的伴侣来激发他的热情；他可以尝试着去重新探索现有的另一半，多一些理解，如果第二次他再一次选择了之前的那个人，那么很可能会证明这一次他会变得更加幸福、更加快乐。当然也会有这样的情况，那就是只有分开才能保证其中一个人生活下去，不过，**离婚并不意味着两个人就是水火不容。如果我们明白怎么才能更好地生活在一起，那么很多婚姻其实是可以被挽救的，很多错误的选择也会变为正确的选择。**

本章要点回顾（最触动你的文字有）：

第五章
一起生活

社会生活的逻辑

在心理学家看来，婚姻中的一切问题都呈现出两个方面。第一个关于两个人和他们自己的性格，第二个涉及他们相互交往时使用的技巧和方法。我们可以通过理解某个人的人生发展、他的生活方式、他受的训练以及他的认识程度，识别出他做出某种行为的原因，理解他遇到的困难的性质；类似地，既然所有的困境都具有社会性的特征，因此任何人的困境都不是独一无二的，我们有必要去研究，在当前相关的社会条件和社会环境中，人和人之间怎样互动，人际关系又有哪些特性。阿尔弗雷德·阿德勒首次提出，一切个人问题和矛盾都基于其社会性质。通过理解他的患者，他发现了"集体生活的逻辑"[①]，这个逻辑也叫作"共同生活的铁甲逻辑"，这也是神经官能症患者经常忽视和违反的。他编制了一些规则，在集体生活中的人想要和谐共处，就必须遵守这些规则。明确的合作规则，对维持良好的人际关系来说非常重要。生活中所有的失败，所有的不幸和失望，归根结底都是因为忽视和违背了必要的合作原则。

合作的含义是什么？它真的就像很多人认为的那样，是同伴必须向我们负起的一项道德义务吗？我们可以很容易地看到别人身上缺少合作精神，并因此意识到了合作的重要性。然而我们很难意识到自己也不具备合作精神，尽管我们对合作的定义了然于胸，但是实践起来却非常有限。

---

① 阿尔弗雷德·阿德勒（Alfred Adler）：《理解人性》（*Understanding Human Nature*），Greenberg Publishers，纽约，1927年。

合作的科学

作为一个研究主题，合作的价值观似乎看起来与宗教和道德之间关系更近，而与科学相去甚远。自然科学很容易忽视价值观。但是，心理学不能这么做，因为其核心主体恰恰就是那些具有不同价值观的人。它必须小心翼翼地将偏见作为研究的一个主题，甚至在研究程序中也接受偏见的存在，同时找到方法来克服偏见带来的不利后果。作为一门科学，心理学必须尽可能地做到客观，它必须避免受到个人价值观的影响——可是却必须对个人的价值观进行分析。

如果我们不以道德伦理为标准来定义合作，不再考虑某个特定的行为是"好"还是"坏"，那不相关、不必要的评判就可以被避免。但是，在指出某个行动将会引发的后果时，我们保持客观，才可以很好地阐述"合作"。

那些破坏人际关系的行为，我们就会说，它们违背了合作的原则。而所有能够消除人际关系中的摩擦和敌意的行为，似乎都是符合合作的原则的。合作就是朝着共同的目标、约定，在相互扶持之际，井然有序地互动、和谐一致地工作。所有这些能够激发或者加强这种状态的行为，我们就认为是符合合作的原则的，只要产生了分歧、摩擦和反对，就是违背了合作的规则。对这些规则的清晰理解，有助于我们改进那些至关重要的合作，并防止灾难性的错误出现。针对合作所涉及的所有因素进行调研，目前尚未得出明确的结论。我们可以寄希望于通过进行心理学、社会学以及可能涉及的人类学综合研究，更好地描述这一宏大的主题。但是，我们现在已经了解了合作必须建立在某些基本规则之上，特别是对婚姻的幸福而言，遵守合作的规则是十分必要的，因为婚姻是人类关系中最为亲密的一种生活方式——是两个人之间最密切的纽带。

人的本质属性是社会属性，人的素质，是社会交际的产物。人一旦在几年的时间里离群索居，例如遭遇海难的水手，就会丧失所有的人类素质。但是，人们对人际关系的各种行为做出反应，是基于人类天生的社会感。这是人类几十万年来群居生活，代代相传的潜能，所有小孩从出生起就具有这种社会感，并逐步重新发展至自己所处的社会文化和复杂的社会秩序所需要的高度。一个人合作的能力，在很大程度上取决于其童年和之后的生活过程中所发展出来的社会感的多少。

社会感意味着社会兴趣。它表达了一种共同归属感。缺乏足够的社会感会制约合作的产生；这样的同伴很容易成为邪恶的对手，需要对其进行防卫，就像社会感能够建立合作一样，由此而产生的敌对感则会阻碍人们之间的合作。

要想获得归属感，首先要相信他人，认可、接纳他人作为自己的同伴，同时信心本身也是力量的源泉，它让我们能够面对一切不测之事。恐惧是合作的最大阻碍。只要人类不因恐惧而使其自然天性受挫，就能够发展出社会感，从而相互合作。相互合作的渴望会受到"自卑感"的阻碍，这种自卑感会使人们产生自我防御的冲动。一个人在面临一种假想的危险时，即通常认为自己的个人名誉和利益受到威胁时，会产生没有必要的防御态度。事实上，每个人都乐意合作，如果不合作会让他备受煎熬。

既然恐惧是合作的最大障碍，那么我们该怎样避免恐惧呢？很显然，建立安全感就是方法之一。但是安全感本身并不存在。死亡、疾病和灾难的威胁始终如影随形。正是由于我们无法控制这些威胁，所以我们无法建立安全感。但是，我们可以培养对自己和周围人的信心，甚至可以通过自我培养来使他人更容易接受自己，并寻找一种更能接受他人态度的方法。只有自信才能帮助我们面对未来的不确定性。被压力激发的自信就是勇气。勇气和自信，是安全感的唯一基石，而这个基石来自于，我们能够认识到不管生活中发生了什么，我们都能积极面对并竭尽全力地去面对。

对合作的两种态度：支持或反对

所以，我们可以看到两组截然相反的素质，或者说态度：

社会感	敌意
对人有信心	不信任、怀疑
自信	自卑感
勇气	恐惧

社会感就意味着对他人的信任，而如果缺乏用"勇气"表现出来的自信，我们根本不能信任他人。

这四种品质就是合作行为产生的基础，而它们的对立面就是不合作的原因。抱着这些基本的态度，就会产生特定的行为模式，我们会肤浅地称之为个性特征。仇恨、嫉妒、猜疑、跋扈、自负以及强行反对，这些都是个体的防御机制，它强化了一个人不愿融入所在社会群体的想法。反过来，仁慈、友善、慷慨和宽容，则是合作倾向的表现。

对人类合作的错误想法会形成两种误解。第一种误解是，认为怨恨会带来提升或者把怨恨看作是人们采取行动改善现状的前提条件。当人们不了解怨恨的心理结构时——怨恨的根源和后果，就很容易会忽略一点，那就是怨恨是一种让现状走向相反方向的敌对情绪。我们是否可以用这种敌对情绪来补救和改善让人不满的现状？大部分人倾向于肯定答案。他们错得多么离谱啊！建设性的改善不需要敌意。相反，敌意行动通常只会阻碍而非改善现状，因为怨恨只会带来更多的摩擦和分歧。为了改善现状，我们不能靠敌意的感觉来实现。只有当我们对成功失去信心时，才会出现敌意。只要某人相信他能够彻底改变，他就不会产生怨恨；但是，只要在最终的方案中出现了怀疑，怨恨就开始了。尽管妻子可能并不喜欢丈夫的习惯，可只要她还抱着他能改的希望，她就不会怨恨。她的怨恨表达了她与日俱增的气馁。因为怨恨是以恐惧和缺乏信心为基础的，所以它会成为人们找到满意的解决方案的阻碍。如果没有接纳，也就没有改善。接纳这个术语也要好好澄清一番。

接纳并不意味着同意。如果认为，只有在完全被认可的前提下才接纳，那么留给我们接纳的空间就会少得可怜。没有一个人会只拥有我们喜欢的品质，难道这意味着我们不能接纳任何人吗？**接纳不仅仅包含着保持一致，它还表达了一种对人对事的正面态度，而不论对方是否存在缺陷或不足。**我们影响别人的能力，是要建立在友好和理解的态度之上的。也只有在这样的情况下，我们才能够影响他人，向更合作的方向发展；只有此时，我们才能够找到建设性的计划去克服障碍。只有男人觉得自己能够完全被妻子接纳，他才会心甘情愿地按照妻子的想法去调整自我，但是如果丈夫感觉到了妻子的怨恨和拒绝，他很可能会朝着相反的方向发展。

关于合作原则的第二个误解是，通常人们认为，当两个人的兴趣发生冲突时，除了斗争或者屈服，没有第三条路可走。而且无论选择哪一种，都会破坏双方的合作，谁也不可能赢。屈服意味着服从、耻辱以及彻底的背叛和反抗。争斗和战争则通常以压制结束。然而此时，被压制的一方会生出怨恨，胜利者的心中也是满满的不安全感。人们总会遇到不得不奋起反抗的情况。但这种情况通常也不过是前期敌意累积的结果。斗争根本不可能终止敌意，它只能把战争的某一个阶段暂停一段有限的时间而已。除非我们能够建立新的平等和互信关系，否则即使斗争让我们取得了暂时的胜利，它也只会导致我们做好准备迎接下一次公开敌对的爆发。

不仅国与国、组织与组织之间的关系如此，父母和子女、夫妻之间的关系也是这样。在当今社会，很少有人愿意用合作的精神来满足各自不同的利益。正是因为他们自己缺乏社会感、勇气和信心，他们才会得出，只能通过斗争或屈服的方式才能找到解决方案这样的荒谬结论。想要在解决争论的同时又不伤害对方的尊严和自尊心，我们必须拿出恰当的态度。尽管人们世世代代生活在一起，依然没有掌握同处一个屋檐下的艺术。虽然民主在五六百年前就已经在人类社会上出现，但迄今为止它依然只是一个尚未实现的理想而已。心理学和精神病学可以通过分析并修正个体及其人际关系，促进民主关系早日到来。

关系以互动为基础

两个人之间发生的任何事，其实都是初次相遇后不久，人们建立起的特定平衡关系的表达，只是这一相互关系会不断发生周期性的改变。不过这样的变化很难改变他们的关系结构；通常只是一些微调或者是方式方法的转变而已。任何会对两人关系产生影响的因素，不管是让人不快还是令人愉快的，都不能仅仅归咎于其中一方。无论其中一方多么主动，另一方多么被动，双方始终都是互相影响。施虐的一方不会比长期受虐的一方更加内省自责，因为受虐的一方常常也容忍着这个折磨行为，放任它继续，并允许折磨行为一再发生。若不是顺从带来的放纵，婚姻中的残暴行为就不会持续下去，勇气和自尊可以制止这样的行为发生。

可惜，没有人真正了解自己，处于旋涡中的两人很少认识到自己对当前局面的贡献和对另一方的刺激效果。当更多家庭成员牵涉其中时——孩子或亲人，这种相互关系和相互之间的刺激就会造成更为复杂的局面。实际上，平衡一直都在，所有的成员都在暗暗地守护着这个平衡，秘而不宣。如果组织中某个人从根本上改变了自己的地位、习惯、态度或个性，这样的变化对家庭中的每个成员都会产生翻天覆地的影响，特别是对与他有着某种竞争关系的人产生更深远的影响，这种竞争关系事实上也是一种微妙的平衡。同盟者之间通常会拥有一个共同的平台，这是他们心照不宣的规则。而竞争者与对抗者之间的平衡就更加微妙了，虽然持续遭到挑战，又一再复原，但是双方始终都维持着一个平衡。这种类型的平衡状态，会使双方的相处方法和情绪始终处于变化之中，每一方都会对另一方的轻微调整形成有力的回应，舒心或愤怒的情绪会在接受或拒绝对方的过程中，交替上升达到顶峰。

让人不安的是，这种混乱的互动关系已经成为当今家庭生活的一个显著特点，夫妻之间、父母与子女之间、兄弟姐妹之间的相互竞争已经成为标准的关系模式。我们根本没办法从谁对谁错的角度，从逻辑上对干扰家庭和平的每个问题或冲突进行理解。我们必须从制造问题的人那里认识到其中的心理学意义。不管婚姻冲突是微不足道、不重要的小打小闹，还是水深火热的灾难性爆发，本质都没什么不同，我们必须对逻辑关系和心理意义加以区分。我们在思考解决方法的时候，不管是从宏观的角度来看冲突中人类行为规范的意义，还是考虑具体当事人的心理学意义，两者是同等重要的，缺一不可。

逻辑价值vs心理学意义

下面是一个在任何一个家庭中都可能看到的简单例子：

丈夫下班回来，满身疲惫，白天在办公室里发生了一些不愉快的事情。妻子在家待了一整天，期待着晚上的来临，计划着跟他一起去找朋友玩。他拒绝了，说自己太累。她不满地说："是的，我知道，我一要出门你就喊累。这一次你必须陪我出去。"然后两人便开始争吵。她会哭泣或愤怒，然后丈夫可能会妥协，穿戴一番，跟她出去。可是无论他们这次是出去会友还是待在家里，真正的争端其实并没有解决。如果他屈服了，他会觉得自己受到了折磨，而且因为他已经生气了，他根本不可能再尽情享受聚会。另一方面，如果丈夫坚持争执不休，夫妻俩很可能会彻夜争吵，然后一夜无眠，第二天一早又要开始下一场战争。

从这一次小小的事故中，我们可以识别出所有的典型的争执因素。他们打破了合作，但是单单责备丈夫或妻子一方以及他们之间的利益冲突，其实都不对。如果夫妻关系和睦，那么任何一方都不会觉得对方不理解自己，或者说根本不关心自己。从逻辑上来看，双方的要求都很合理，没有必要评断谁对谁错。如果他们和睦相处，那么他们就能够根据两个人需求的重要程度，很快达成一致。如果出去会友是一个特殊的情况，丈夫就可以克服疲累，甚至也许还能够享受一下这段休闲的时光。如果他筋疲力尽、情绪低落，那么通情达理的妻子可能会留在家里安抚他，而不是出去拜访常见的朋友。不过如果跟朋友聚会和丈夫需要休息时间一样重要，或许会比较难以抉择，但通过吵架来解决，只会给两个人增加压力。相比起捍卫自己的立场，愿意站在对方的角度考虑问题，更能让双方达成一致。

但是，这个问题还具有更加深层次的心理意义——可能丈夫不愿意参加社交活动，而妻子也没能力让自己白天的独处时间变得快乐或有意义起来，或者她是一个高需求型的人，对于丈夫赚钱养家还不满足，还希望他在不工作的时候把全部的注意力和时间也放在她身上。如果是这样的话，上述事情只不过是一个诱因，它预示着夫妻之间将爆发更大的怨恨。

无论何时产生了矛盾，双方的第一个决定都是——绝对会，尽管是下意识地——是否要借这次事件大吵一架、伤害对方或者被对方伤害，要么决定：尝试着诚恳地解决问题。当决定倾向于争吵，那么，除非一方及时制止了这种倾向，否则根本找不到解决方案。这时我们遇到了一个威胁婚姻幸福的最重要的障碍：认为可以通过战斗获得利益的这种常见想法。于是，双方会互相指责、互相责骂、情绪激动——为第二次战斗做好了准备。比起找到解决方案，他们对"证明自己'正确'"这件事要更感兴趣。

在战斗中是赢还是输都于事无补。可能有点帮助的就是社会感——一种归属的感觉——它能够让冲突变成可以一起面对的问题，而非双方各自想要什么。社会感可以创造出"我们"这个概念，他与她不过是其中的一部分。利益方面的冲突，可以通过双方共同的努力，建立双方都觉得满意的条件，从而成为双方确认"统一性"的机遇，在上面的例子中，双方要么一起待在家里，要么一起出去。对对方的信任可以激发彼此的信心和协助对方的意愿。假如他将个人利益放手交由妻子来决定，那么她很有可能会顾及他的需求而非自己的需求。这一点对于孩子们来说更是如此，如果我们不去命令孩子们，而是征求他们的意见，应该做什么，那么孩子们会很乐意地从倔强反抗转变成积极思考，成年人的世界也大抵如此。

否决比需求力量更强大

很多人以为强迫有用。假如他们无法在体力上强迫他人——大人经常这样对待孩子，他们就会从道德或精神层面强迫别人。这里，我们必须将强迫和非暴力不抵抗的特点区分开。主动强迫一直以来是指违背了尊重他人的原则。另一方面，非暴力不抵抗很少是强加给别人的；它只是保持尊重自己。古罗马人要求，两位执政官只有在双方达成一致意见时才能采取行动，这表明他们对合作规则有着完整的理解。**一个人的否决会比另一个人的要求更有威力**。一方想要，可另一方不喜欢便不作数。在上面的案例中，妻子想要出门，但丈夫想待在家里；那就是她想要做什么事，但是他却不喜欢这件事。他的反对强过于她的需求。也就是说，他做不愿意做的事情，比她放弃做喜欢做的事情，要难得多。当然了，除非她能得到他的同意。

遗憾的是，这条古老的否决原则现在的人们已经很少使用了，因为大部分人都觉得强迫和不屈服难以分辨。当他们没有得到自己想要的，就会感觉自己受到了虐待或控制（这也是被溺爱的孩子的典型态度；成年人这种想法的普遍存在正好说明了，究竟有多少人真正地成熟了）。一旦出现利益冲突，似乎让每个人都做自己喜欢的事就是明智之举：不强求，但是也不允许强迫别人接受。只不过，我们往往无法看清这两者的区别，也缺乏使用这条规则的意识。这样的困境背后其实是因为，**最亲近的人之间往往缺乏尊重**。毫无疑问，他们之间有爱，也有忠诚，但就是做不到相互尊重。

互不尊重的根源

家庭成员之间很难采用相互尊重的态度对待对方，原因有很多。但无论是什么原因，都可以追溯到个体的恐惧和自卑感。所有人都会不自觉地对亲人的缺点更加挑剔，因为在自我的定义中亲人也是重要的部分。他们的缺点也是我们价值观和地位的反映。我们会因亲人犯错而羞愧，就好像自己犯错了一样。如果我们能够更加相信自己、相信自己的价值观和地位，就能够更好地接纳自己的缺点，也能更好地接纳亲密伴侣的不足，因为此时我们才不会将这些缺陷视为自己的价值观和意义的体现。**一个自信的人能够从正确的角度看待过错、局限和缺陷，而不会错误地以为这些都是自己社会价值的阻碍**。所以，尊重其他家庭成员与个体的自尊息息相关。那些害怕在社会中受到羞辱和丢脸的人，会对亲近的人的不完美分外敏感。而且，如果人们对这样的缺陷觉得无能为力，那么就会嫌弃它，并且厌恶它，要么是被动地嫌恶，要么用公开的、暴躁的方式表达出来。这两种方式其实都是对对方的尊严和价值视而不见。

很多家庭内部缺乏尊重气息，还有一个原因就是我们生活的圈层中存在的相互竞争状态，这种竞争既存在于外部世界中，也存在于亲密的家庭环境中。我们之前已经探讨过为何今天的夫妻通常会将对方视为对手。孩子们之间也会相互竞争，因为他们要争夺父母的关注和爱。每个人都认为对方对自己地位产生了威胁，从而引发了深层次的争夺意识，而且孩子们经常轮流占上风，通常来说，这就为家庭生活引入了更多动荡和摩擦因素。父母与子女之间也会存在这种竞争关系。两代人之间往往会为了自己的名誉而引发家庭大战。在这个安全感如此匮乏、对个人确定的欣赏如此之少的社会，父母自然而然会对看起来没什么反抗力的孩子采取压制手段，以维持自己的优越地位。很多家长并未意识到，他们的很多敌意行为和斗争往往会被伪装成华丽的爱和令人窒息的亲密。我们常常给父母和孩子之间的关系抹上了羞愧和崇拜的色彩，而不是相互尊重和人类的尊严。如果我们能用在社交场合对待偶遇之人的方式对待我们的亲人、孩子以及父母，那么我们的关系反而会更和谐。在礼貌地、彼此尊重地对待社交场合的熟人这一块，我们往往训练有素，即使双方存在利益冲突，那么能否在家中也使用这些技巧和知识呢？

亲昵阻碍友谊

成为一家人，这并不能保证彼此之间友好共处。表达爱意和释放魅力在结婚后比结婚前更显必要，尽管有时候人们觉得这一古老的箴言是画蛇添足、多此一举，但其实这一箴言在婚姻中是错误的。恰恰相反，**越是亲密的关系，越需要我们多点理解，多点关心，只有这样才能维系我们的友谊和爱意**。偶尔见面的朋友之间好好相处没什么难度，因为距离产生了美。在婚姻中我们却需要接纳和喜欢对方，哪怕对方不干净、不整洁也要如此。但是，为什么人们为了吸引那些完美的陌生人或偶然遇到的朋友所付出的精力，要远远大于我们最在乎的人呢？父母期望得到孩子们的爱时，也犯着相同的错误，因为他们觉得自己生养了孩子们就已经足够了。其实我们同样需要重新赢得孩子们的爱与尊敬。一个家庭中的和睦氛围是可以通过很多方式表现出来的。父母与孩子们之间相互称呼的语气语调就能反映出，这个家中是充满了友善和尊重，还是摩擦、羞辱和强迫。我们应该擦亮眼睛、竖起耳朵，去观察和感受那些影响家庭合作的微小信号。可惜的是，在我们与他人说话时，是无法听到自己的声音的。如果能发明让我们听清自己声音的设备，那么发明者肯定能够获得诺贝尔和平奖。

威胁取代坚定

但是，和善并不意味着对坚定的排除。恰恰相反，只有当某个人对自己、对自己给别人留下的印象、对最后的成功有信心时，他才会变得和善。要变得坚定，也需要我们如此自信。坚定不等于强迫他人接受。我们越缺少坚定和确信，就越是喜欢威胁和强迫别人。这种相互之间的强迫常见于家庭成员之间。当然了，我们并非有意把恐惧强加于他人身上，只是自己先感受到了恐惧而已。就好比午夜时分，两个人在黑暗的街头偶遇，双方都害怕对方会抢劫他，但却不曾想到，其实对方也正在因恐惧而战栗。很多丈夫和妻子都活在恐惧当中，他们害怕被忽略、被不珍视，害怕被支配或被虐待，害怕沮丧或被羞辱。他们可能会暗中向第三个人坦言他们的恐惧，但是要让他们相信，在婚姻中对方其实也背负着相同的恐惧却很难。很少有人能察觉到对手的恐惧，特别是当对方处于相对优势之中时。我们总有一种感觉，那就是别人优于我们，或至少他们在努力超越我们。当然了，我们只可能会认为是对手采取了战争的手段，拿起了武器；我们会认为自己无害而且充满了善意，但没有意识到，对方可能只是在自卫而已，而这与我们自己脱不了干系。

使用逻辑作为武器

婚姻中的所有争吵基本上都显示出相同的结构。如果听听丈夫或妻子的对话，我们可能会得出结论，最后说话的那个人是正确的。但是他们都对——或至少他们两人都是这么想的。否则的话他们的行为就会大不相同。所谓的逻辑，只不过成为两个人使用的武器，而且只有参加了战争的人才会拿起这个武器。最主要的是，争吵远远不是谁对谁错的问题，而是赞同还是反对，是让人高兴还是令人愤怒。通常，双方争论的焦点只是一个次要的附属角色。只有当合作已被破坏，每个人都把"破坏合作"的责任推卸给另一方时，才会出现谁对谁错的问题。人类十分聪明，而且他们总是能够找到理由证明自己的行为恰如其分。我们计谋多端的头脑会用最小的理由来挑衅煽动对方，使其做出更加激烈外显的举动，从而使他们的这些行为成为发生战争的正当借口。

需求取代了胜利

让人愉悦的手段层出不穷，但是我们很少真的使用。尽管有些人非常沮丧，以至于已经停止了尝试，极度渴望被人喜欢，但是如果我们想要取悦别人，我们完全有能力这么做。我们有成千上万种方式表达自己的喜爱，并且吸引别人的喜欢，可在家庭生活中，我们却坚持婚姻的法律义务优先，并在我们愿意给予之前一味索取，不这么做，我们就觉得自己被配偶虐待。如果我们没有得到自己想要的东西，或者认为自己值得拥有的东西，我们就会施以惩罚，即使这种行为会让另一方减少付出和行动的意愿。

推卸责任

如果我们不了解自己，不愿意承认我们的根本目的，也不愿意听听我们说话的方式，或在挑衅之时意识不到这一点，那我们如何确定自己是破坏了还是遵守了合作的基本原则呢？只有当我们了解到自己行为所带来的后果时，才能够对自己进行恰当的评估，之后我们需要决定，是要继续制造更多冲突与紧张，还是增进彼此的理解与合作。但是，在这一过程中，我们需要牢记一个念头，那就是家庭中所有的不和谐，除了我们自己的原因之外别无其他。自责是无济于事。责备、借口、抱怨——所有这些都代表着气馁和怨恨。无论何时，只要觉察到了这些倾向的任何迹象就可以确信，我们马上就要违背合作的原则了。如果我们能够将自己的情绪当作自身意图的指南针，而不是像其他愚蠢的人们做的那样，将它们当作对外界刺激的自然"反应"，那么情绪其实就是最好的向导。对我们自己的情绪完全负责，会让我们不再有理由找借口，但是会让我们获得对现状的掌控权。当我们觉察到自己的敌对情绪，并且认识到它是一种蓄意的战争武器，这样的觉察意识能让我们重新定位，也就是说重新评价我们的生活条件和家庭成员，如此我们说不定就激发出了新的情绪，这些温和的情绪让我们变得更加仁慈、更加勇敢。如果理解正确，我们就能意识到，所谓的缺乏关爱，不再是我们忽略自身职责的借口，而是成了构建新的社会情感的挑战。

不再爱的原因有很多。有一个女人抱怨说，她不再爱她的丈夫，也不能接受他了，而他却完全没有一点过错。"你根本不能想象与一个完美的人生活在一起是一件多么恐怖的事。我实在是受不了了。哪怕他就犯那么一次错！哪怕他对我生一次气！但是没有，无论我做什么都是对的。即使我什么都不做，我也没错。他从来不会发火。你觉得你能跟一个天使生活在一起吗？"无论这听起来多么不可思议，但这样的抱怨在生活中并不少见。这只能说明一件事：只要我们想找到不和的理由，那就总能找到。"没有缺点"正是为"不和"这个目的而服务，而"缺点太多"同样可以服务于该目的。

那么问题来了，个人的缺点真的是婚姻摩擦的真正原因吗？我们真的会因为某人的缺点而拒绝他吗？我认为不是。只要我们接受某人、爱上某人，他的缺点就不重要；而当我们拒绝接受他时，他的缺点就为我们提供了一个产生敌意的好理由。一段时间之后，我们会发现之前被忽略的缺点，现在正是符合我们拒绝合作的理由。那么我们为什么会拒绝彼此，从而给自己和他人带来无尽的痛苦呢？自我的重要性影响了我们幸福和合作的能力，这就是真正的原因。只要我们感觉到被认同、被欣赏、被崇拜、被关怀——那么万事都好。但是，只要我们感到自卑，感到不平等，那么就算是再亲密的朋友，也会变成我们的仇敌。

自卑感往往没有什么实际的依据，但是由此而来的补偿心理，也就是对优越状态的追求，却可以通过各种不同的寻求方式表现出来。在旁观者看来，处于受害位置的受虐者看起来处于绝对的劣势和被羞辱的状态，但是，如果是他自愿来到这个位置，其实是因为他认为，这是他产生道德优越性的机会。肉体和心理上的折磨和痛苦甚至会获得精神上的"胜利"，而受虐者和施虐者都因他们对权力的分配作出了自己的贡献，并因此而相处融洽。一个人享受着身体支配的快乐，另一个人则享受着精神上的正义。然而，如果施虐者试着展现出道德高尚、体贴周到，那受虐者可能会立即反抗并排斥对方，因为这样的美德和体贴击垮并破坏了两人之间的平衡。当然这是一种非常极端的情况，但是我们必须始终牢记，互相接受就意味着彼此之间的平衡达到了一致，即允许一方用他自己的方式对自身产生的不充分感进行补偿。摩擦绝不可能只是因为外在的干扰而产生。一般情况下，经济或社会压力或不幸会让夫妻二人齐心合力、更加亲密。而如果夫妻之间的平衡被这些苦难所打破，摩擦就会出现。更加常见的是，这些厄运并不是夫妻不和的原因——他们仅仅是对夫妻二人合作能力的一个测试罢了。厄运让他们隐藏的冲突和怨恨暴露出来，显示了双方归属感的缺乏，也表明他们不愿意携手共渡难关。他们只是在寻找机会，从而将失败的责任推到对方身上。

我们决定自己的回应

虽然自身的缺陷带来了无尽的痛苦，可只有人类才会因此而去挑剔别人。此时我们会对他人的错误感兴趣。一般来说，我们天生的社会利益会使我们看到并赞赏同伴的优秀品质。每个人都有优点，就像每个人都有缺点一样。我们强调一个人的优点还是缺点，反映出我们对这个人的态度。这一点无论对人类还是对生活本身都很适用；人类和生活本身都丰富多彩，我们可以随意挑选我们想要的东西——好与坏都可以。令人不安的问题多，或是令人愉快的事情多，这并不是问题；我们在生活中和在他人身上找到的优势和劣势仅仅是我们自己态度的反映而已。

下面这个案例可以充分说明，我们是抱怨还是接纳，其实都由我们自己来决定：

> 有一个患者的婚姻生活非常奇怪。他跟他的妻子已经很多年都没有性生活了，尽管他们两人都还很年轻。他说，妻子无法激起他的性幻想，而且他也不喜欢她的长相。他从不隐瞒自己有很多情人，并经常吹嘘那些情人多么优秀，多么迷人。这样的平衡是怎么产生的呢？他在成长的过程中，一直与他的姐姐处于竞争状态，从小他就想要证明自己的"男性优越性"。遗憾的是，他希望感觉自己是个强大的男人这一渴望从来未得到满足。他想要模仿的、处于支配地位的父亲让他对自己的"无能"自惭形秽。最后，他就形成了奇怪的性格模式，即用自己的软弱和委屈来吸引他人，并形成让他人小心翼翼地避免让他更加委屈的情形。他年纪轻轻就结了婚，那时他找到了这个深爱他并且愿意为他去死的女孩。她是一个好主妇，而且给他提供了一座舒适的寺庙，在那里，他像个神一样被崇拜。
>
> 几年之后，他对此有了更深的理解，然后开始反抗现状。作为庇护所的女祭司，妻子对他施了压——为了他好，为了让他舒服，然而这种压力让他反抗得更剧烈。他厌恶妻子对他的幸福关怀备至。她在道德上的优越性威胁到了他，让他感受到了更多被支配的恐惧，他突然决心要离开。她变得歇斯底里，几乎要跪下来，双手抓住他的腿，乞求他把她当奴隶般对待——只要让她留在他身边伺候他，他想做什么都可以。他的优越感保住了，于是他留了下来。为了维护他的权威，他对妻子的打扫不屑一顾，穿着脏兮兮的鞋子进屋，还干一些其他让

她反感的事情。这让她很伤心，但是她默默地忍受着这一切。他出去找其他女人，回来还跟她描述自己和其他女人的经历，她太渴望他的爱意和亲热，但是他都拒绝了。

在治疗期间，他认识到了自己对优越感的错误认知，理解了自己为逃避外部压力而采取的行为有多么荒谬，这些错误认识和荒谬行径让他产生了各种各样的神经官能症现象，使他不得不向医生求助。有一天，他来到诊所并且汇报说，他昨晚与他的妻子发生了性关系，这让他非常惊讶。他不理解他自己了。很多年来，他一直都认为她缺乏魅力，还性冷淡。她怎么突然就对他产生了性吸引力呢？是她改变了吗？显然不是。真正改变的人是他，不仅仅是他对待她的态度，还有他对待生活的总体态度，所以他现在可以用不同的方式看待她，并且愿意做出承诺了，而不是担心丧失所谓的优越地位。从这一刻起，他们的关系变正常了，并且能继续发展下去了，他离开了情人们，因为他不再需要她们的崇拜——不管她们有多迷人——他不再需要用任何东西来证明自己的男性优势了。

婚姻不是天堂

让两个人无论白天黑夜都是朋友，始终同意对方的观点，而且在生活中的方方面面都相互合作是很难的事。不会有人觉得自己完全有能力应付复杂的生活和难解的问题。很多人会把外界的敌意和不安带回家，然后在没有完全恢复的情况下，带着更多的紧张焦虑去应付外面的世界。一个人越是期望在婚姻中找到避风港，他可能就会愈发失望。认为结婚是解决困难的方法大错特错，婚姻本身就是一个任务。那些对生活灰心丧气的人，特别是女性，会希望在婚姻中获得安全感，但她们通常只会体验到可怕的幻灭。在过去的年代，婚姻的确是女人解决问题的一个方案。如果没有丈夫，女性就没有价值——而一旦结婚，其他一切则都变得无关紧要。如今情况已经不同。建议一个心灰意冷的女孩结婚是害了她。**那些觉得无法胜任工作和社会责任的人，通常在婚姻这个更加密切的人际关系中会面临更大的失败，因为婚姻要求我们更加紧密地合作。**我并不是说婚姻只会令人沮丧。如果脱离性和爱，只会让人更加失望。关键在于，一个人如果是因为焦虑和胆怯而走进婚姻，那他迟早会付出代价。为了做好结婚的准备，或者为了使已经缔结契约的婚姻关系美满成功，我们必须小心翼翼地培养之前没有发展出来的勇气和社会感。

精神很重要

关于如何过好这一生，似乎很难给出确切的建议。有很多书籍都告诉我们该做什么、不该做什么。遗憾的是，这样的建议通常并不起什么作用，无论它本身有多合理。一个有足够社会感又勇敢的人根本不需要什么建议，而对于一个满怀恐惧和敌意的人，即使是再好的建议，他也只会充耳不闻。所以，在本章中我们一直强调的是基本的态度，而不是具体的策略。根本没有什么保证婚姻幸福的策略——就像没有哪条应对经济、社会或性问题的原则能够预防失败一样。精神很重要，策略次之。合作的意愿能够克服每一个困境，若缺乏这种基本的意愿，那么即使再微小的困难也会让人陷入泥沼。不论是多么严峻的困境，夫妻二人之间的归属感能够增强他们抵御危难的能力，无论这个危难是来源于外部还是他们本身。任何以信念和信心为基础的人生观——无论是宗教的还是世俗的——都会增加人们融洽合作的倾向和能力，营造出一种真诚、友善和包容的氛围。那些通常被称为阻挠婚姻的问题，仅仅是给我们提供了试验的机会，从而可以让夫妻发现他们的错误态度。

本章要点回顾（最触动你的文字有）：

第六章
嫉妒

嫉妒与性别角色的普遍流行的概念有着密不可分的联系，事实表明，我们需要彻底澄清嫉妒这一主题。对忠贞和占有所赋予的意义和含义，通常会破坏夫妻之间的伙伴关系，这让威胁到双方相互理解与和谐的个人问题变得越发尖锐。嫉妒不仅表现在男女之间、同性之间的竞争关系，还会激化竞争。这个主题的研究提供了很多机会来探索婚姻中多数冲突的基础，以及冲突双方在逻辑和心理动机之间的差异，总之我们可以将这个主题作为分析具体问题的开端。

嫉妒是爱的标志吗

一直以来，人们都认为，嫉妒和爱是不可分割，互为一体的，没有嫉妒的爱貌似不可能存在。并且人们常常把嫉妒当作一把衡量爱的程度和深度的标尺，很多人甚至认为，只有在他们感到嫉妒时，才会知道自己已经爱上了一个人。对他们而言，这种强烈的爱的力量，只有通过嫉妒所激起的心酸和痛苦，才是最令人难忘的。他们肯定不会停下思考，要有多少愤怒、仇恨和冲突，才能找到爱的存在？然而，几乎没人可以逃避这种痛苦的经历，也没有人能真正了解它的真实意义和本质。当我们陷入了嫉妒的旋涡中，失去了最基本的常识，即便在我们好不容易恢复理智和判断的情况下，也依然没有办法了解到嫉妒的本质。

一般而言，与情绪对立的本质通常会阻止人们自觉地去认识那些情绪的真正目的，因为它们和我们的自我尊重的想法常常是背道而驰的。所以，如果我们隐藏了真实目的，我们就能宽恕自己最恶意的企图，那就是伤害自己的爱人，这和我们普遍接受的社会价值观：爱、忠诚、忠贞和信任完全相悖。**嫉妒的人以为他是在向人们展示自己对道德和伦理价值的重视，实际上却忽视了人与人之间最基本的交往原则。**

让我们来认真地剖析：即使没有恋爱，也会产生嫉妒。这种现象不仅仅存在于朋友之间，也存在于家庭成员之间，以及两个从未发生过性关系的人之间；一对男女，哪怕他们之间只是萌发了一点点的暧昧，并不想真心相处，也可能会产生嫉妒。如果一个女孩能引起众多追求者的关注，而其中一个追求者被另一个女孩的魅力所吸引，她就会变得非常嫉妒。而另一方面，一个女人的不忠和偷情并不会让"戴绿帽子"的男人产生嫉妒心理，即便他深爱着她。相反，很多男人会因为他的妻子得到其他男人的欢心而更爱她，这会产生刺激的快感。嫉妒的心理背景是非常复杂的，和忠贞无关。

忠贞的问题

忠诚是婚姻生活中的一个主要问题。虽然忠诚是婚姻的必要条件，也是一种清晰的价值观和先决条件，但如今人们对忠诚的认识却越发不解和疑惑。历史上，男性可以用严厉的法律（妻妾制度）或残忍的行为（奴隶制度）达到对女性的全面控制。即使是这种情况下，哪怕是最小的背叛都会引发嫉妒，甚至是暴力。如今，我们在心理和生理上都无法拥有别人。对配偶的忠诚度，人们无法获得任何的安全感。这个问题，甚至让他开始怀疑，人类是否能够做到忠诚。人类怀疑忠贞是否存在，特别是男性对"一夫一妻制"的忠诚。科学家们提出了生理上的差异，认为男性可以不断进行生育活动，而由于身体原因，女性一年只能生一个或两个孩子——除非她能怀上五胞胎。根据生理上的差异对男女进行区分，这一直是个可疑的做法——因为人们往往借此证明男性特权的合理性。

我们不能否认男女在生理上的差异，尽管他们对我们的生活习惯和习俗其实影响不大。一个男人一次可以生五十个孩子，这本身就是毫无意义；他能压抑四十九次对别的女人的欲念，能克制自己，却只能和合适的女人调情，只对她产生欲望。同样，提倡女人性自由的男女平等主义者也会认为，女人在身体上也能让其他男人给自己提供更多性满足。我们要记住，人的生存状况并非由自然的力量所支配，例如生理的需求或性冲动，而是受到社会传统的约束。因此，一夫一妻制和人体内部的生理结构无关。人可以一夫多妻或一夫一妻，女人是人类的一部分。文明的发展过程中产生家庭的概念，可以解释一夫一妻制的产生。在人类进化的过程中，逐渐形成了"个体"这个显著的概念，"个体"是一个和群体、氏族部落、亲属家庭等不同的概念。人类的逐渐发展，是指个体观念和内驱力的确立和扩展。一夫一妻制是两个人最紧密的结合。在古代，社会赋予男人一夫多妻的特权，基督教第一次在人类历史上提出了人类的基本平等观念，并用宗教教义这种在当时最有说服力的方式，规定两性关系的最理想状态是一夫一妻制。

虽然我们距永恒的、牢不可破的挚爱和忠诚的理想还有很长的路要走，但在过去的几百年，我们已经保持并加强了这种理念。一夫一妻制，不但得到了社会环境和道德伦理的支持，更有一种深层次的、持久的、精神上的欲望，使得一夫一妻制成了人类的梦想。从心理角度来说，虽然法律要求并监督一夫一妻制的实施，但从真正意义上来说，这仍然只是一种幻想。

不忠的原因

我们对忠诚的本质有疑问，所以不忠的问题也会让我们感到不解。从现实主义的观点来看，忠诚就是肉体上的纯洁——但是，如果基督教提倡的一夫一妻制的观念在当今社会依然存在，那么，忠诚就是一种微妙而独特的态度。至于通奸的原因，至今仍存在争议。一些人会认为，一次热情的握手、一个深刻的眼神接触，都超越了礼仪的界限。而有些人则对接吻，甚至热烈的拥抱也不觉得有不得体的地方。如果我们把梦想和思想当作标准，那么几乎没人能维持理想状态。贞洁的精神是理想，而实际上，人类在心理上没有实现这个理想，所以基督教发现了两者结合的方法。精神的意愿和肉体的软弱之间的区别，只不过是我们内在冲突的表现。但这就意味着，只能战胜人性的弱点，才能达到忠诚吗？有人认为的确如此。他们觉得，性欲的目的是获得不受限制的满足，而理想的贞洁是一种社会责任，这两者之间存在不可协调的对抗。事实上，我们已证实，人们对多样化性爱的渴望和只爱一个人，和他们的社会愿望密不可分。那些妨碍我们对一个人完全投入和热爱，使我们对多样化的性爱产生欲望的敌意、恐惧和反对，这些都不是性冲动的来源，而是性冲动被这些敌意、恐惧和反对所利用，实现反社会合作愿望的目的。"肉体软弱"一词是对人类社会的一种约束，因为直到现在，人类依然难以实现人与人之间的密切合作，很难产生合作的勇气和归属感。这些威胁到人类关系的心理因素，同样也阻碍着彼此的无条件合作和毫无保留的相互接纳。这些因素使真正的一夫一妻状态成为特例，并阻碍独一的、永恒的性兴趣和个人的兴趣。

我们之所以容易受到引诱，是因为婚姻中经常产生失望、争吵和敌意。对性多样化的欲望并非偶然产生，而是始终与婚姻中的冲突密切相关。当一个人在恋爱中受挫，他想要逃离某人或是惩罚别人，或者只是想要展示优越感和他的性别权利时，就会产生想要其他伴侣的倾向，那些在婚姻生活中能够获得完全满足的人，根本不会在花丛中流连忘返。但是，因为我们爱的能力受到了日常挫折和忧虑的限制，所以几乎每个人都会在人生的某个时期对多样性产生渴望。尤其是当我们年纪渐长时，我们能够征服别人、战胜他人的欲望会经常性地勾起我们对不同体验的向往。离婚后，人们能够合法地表达这种渴望，离婚能够让我们有机会既不违背一夫一妻制的基本原则，又可以享受不同的性爱体验。

男女之间存在"友谊"吗

这个话题似乎要探讨柏拉图式的友谊。人们提出这个问题的频率，说明了这种怀疑不无道理。当然，这样的友谊存在天然的障碍。假如男女双方都对彼此倾心投入，只要他们有很多的共同兴趣，他们觉得亲密、友好，就自然而然地会发生性行为。如果这一切真的发生的时候，就不是友谊，而是爱情了。

要把爱情和友谊区分开，其实很奇怪，仿佛它们之间相互矛盾一样，就像真挚的爱情不包括友谊一样。但是，如果说到两性之间的友情时，我们指的是"柏拉图"式的关系，没有明显的性吸引。弗洛伊德精神分析的思想学派，坚称任何形式的情感交流和彼此挚爱，甚至是两个人的关系，都是基于"潜在性欲"。这一理论的正确性受到了巨大的挑战。因为很明显，这并不能为人类的友谊留出余地，也不能解释纯粹的人际关系和带有性色彩的关系的差异。

男女之间存在对异性全无性趣的亲密人际关系的可能性到底有多大？这个问题只有在认识到我们是自己情绪的主人，且能根据自身意愿，随时产生或抑制某种情绪时，才能回答。事实上，我们可能和同性或者异性建立任何某种形式的关系。我们既能产生性反应，也可以抑制性反应。例如，当男女双方都已和他人处于恋爱关系时，这对男女之间就能产生纯粹的友谊。这似乎是"柏拉图式"友谊的最有利条件，而实际上，无论何时，当两个异性决定不把对方当作性欲满足的潜在对象时，他们就有可能发展和保持没有性欲的关系。

但是，即使友情是真实的，也不能阻止一个嫉妒的丈夫或妻子对自己的伴侣与其他异性建立真正的友谊而心生怨恨。他们将可能的不忠拿来作为借口，因为嫉妒不仅仅只限于性关系这一点，嫉妒可能会因家庭成员、伴侣的其他外部兴趣，甚至因工作而产生。因此，婚姻关系的和谐不会因为伴侣和他人的友谊而中断或危及。只要一方相信对方，而且任何一方没有想要完全占有另一方，那么丈夫和妻子就能维持和其他异性的友谊。

对调情的解释

在婚姻关系中，如何培养忠诚似乎是最难解决的问题。遗憾的是，我们不仅对伴侣不确定，而且对自己也不确定。如果双方有信心共同面对问题，那么就不会有任何问题会影响婚姻关系。不管问题有多难面对——只要双方都有信心和勇气，并且都渴望找到解决办法，那么问题一定会被解决。人们试图解决的这个问题越严重，问题解决后，双方的关系就越亲密，因为在解决问题的过程中，他们会更需要彼此，更理解彼此。危机解除后，对相互帮助和理解的感恩可以加深对双方来说至关重要的归属感。

很多人认为，嫉妒是伴侣出现不忠时自然而然产生的反应。他们会感到别无选择，只好睁一只眼闭一只眼，假装保持镇静，这样会让他们好受些，但这不是解决问题的方法。他们忘了嫉妒本身并不能解决任何问题。嫉妒不会让拈花惹草的伴侣回头是岸，反而会让彼此的距离越来越远，甚至危及他们的合二为一。猜疑和恐惧，必然会加深夫妻之间的敌意，并且会使伴侣寻找婚外情的问题更加恶化。

所以，我们应该对失去伴侣的风险视而不见吗？还是让伴侣招蜂引蝶？没有人提出这样的建议。事实上，嫉妒无法避免这样的风险。如果一个女人无时无刻不在担心她健康的丈夫有一天可能会死，或者怀疑一些轻微的小病痛会发展成可怕的并发症，我们很清楚，这样的女人是多么愚蠢。明显的是，这个女人的害怕表明了她的不安，而不是对可能的、遥远的失去的真正忧虑。对嫉妒来说也一样，害怕失去伴侣本身并不会引发嫉妒心理，失去伴侣本身也不会。因为妻子为了另一个男人离他而去的丈夫痛苦异常，这其实是他为自己的情绪找的借口，为他坚持认为没有她就活不下去的想法找的理由。因为，如果我们请他思考另一个问题：如果她去世了，他会是什么感觉？"没有她就活不下去"这个谬误立刻就变得很明显。他也许会认为这个选择也很可怕，但是……他可能会停下来想一想，最后发现他实际上宁愿她死掉，也不愿意她和其他的男人生活在一起。

出轨通常是人们心理上的忧虑，而丈夫每多看其他女人一眼，就预示有潜在的可怕风险。貌似带有不忠倾向的鬼鬼祟祟的行为就像普通感冒一样频繁发生，但也像普通感冒一样根本没有大的危险。有时它会发展成可怕的肺炎，但通常不会这么严重。一个人一打喷嚏就让他在床上躺着，就像力劝一个发烧的人冒雨出门一样，都是很愚蠢的行为。一次普通的感冒，只要小心照料就行，视而不见或者过度焦虑都是无益之举。一点不忠的婚外情迹象也是"小病小灾"，一个聪明、善解人意的伴侣能找到很多巧妙的方法，让出轨的伴侣回到正轨，而不会压抑自己的自由和独立。嫉妒既没有用，也没必要。

如果对失去的恐惧以及恐惧不忠并不会引起嫉妒，那么，嫉妒产生的根源是什么？要了解人类的所有情感，我们需要找到它的真正后果，以及它的最终目的。嫉妒不能阻止失去和不忠。这一事实充分说明，在心理上，嫉妒和失去伴侣或不忠诚没有关系。那么，嫉妒到底要达成什么目的？

嫉妒的目的

既然我们的情绪强烈而令人信服地告诉我们：我们是对的，而对方是错的，此时，我们很难从心理上解释我们内心产生的嫉妒。嫉妒可能含有不同的意义；所有都取决于使用嫉妒的最终目的。让人感到不舒服的情绪，往往仅用于那些使我们感到不舒服的社会行为。这些行为都指向以下四个方面：

　　为缺点找借口

　　吸引注意力

　　获得权力

　　报复

为缺点找借口

怀疑自己是引起嫉妒的重要因素。我们不会因为自己的能力、影响力和吸引力而心生嫉妒。但凡有勇气的人，只要他相信自己可以化解危机，那么即使最困难的情况也不会引起他的怀疑和害怕。当我们担心给予伴侣的东西是否足够时，我们就会嫉妒。我们会害怕，其他人能够给伴侣带来更多的东西——于是我们嫉妒、争吵和失望，这些反过来会让我们对自己在伴侣生命中的地位产生怀疑；于是这种不足感日渐增多，加剧了嫉妒。在这种恶性循环中，虽然我们始终明白这个道理，但嫉妒是循环的节点，它让我们更加敌对和好斗。用常识来思考，我们应该认识到，应该补足自己的短处。可缺乏勇气让我们无力做出真正的改变。正因为害怕自己没办法做得更好，所以就用嫉妒来补足缺点。而且，自相矛盾的是，当我们意识到可能是自己不够好的时候，嫉妒通常会阻碍我们变得更好。

这种不足感可以是指人们普遍意义上的个人价值，或者是否配得上丈夫或妻子，归根结底，还是指一个人对自己性别的价值认识。人们对自身价值产生怀疑，这是因为人们从小就一直有不相信自身价值的观念。 人们会寻求各种奇怪的方法，来掩饰自己的信心缺失。一个人可能会表现为追求完美，没有任何优点、天赋和钦佩可以不让他觉得自己被忽视。他们寻求安全感，却永远也得不到。既然只有死亡是肯定的，所以追求安全感其实是一个绝望的过程。这种不安会变成一种折磨，会要求各种补偿。嫉妒可以让从常理上来看不那么合理的要求变得理所应当。如果一个人想寻找安全感的证据，并将他的伴侣作为安全感的来源，就会始终处于嫉妒之中，无论他实际上得到的是什么。

  我们对婚姻义务的认识上，强烈地认识到自己的缺陷时，嫉妒这种情绪就会浮现出来。想去谴责别人，往往是为了逃避受到指责。这种心理机制会让人陷入一种奇怪的状态。通常一旦缺乏信心，嫉妒就会紧随而来，下面这个故事在生活中并非个例。

  一个女人在一段非常不满意的婚姻当中，她极少关心她的丈夫，也鄙视他的素质和举止。最后她选择了离婚。但在完全分开之前，她打算出去旅行，看看这次短暂的分离究竟会对他们二人产生怎样的影响。她过得很愉快、无忧无虑、轻松，还和一个并不打算深交的年轻男子发生了风流韵事。当她回家时，果然不出她所预料，她的丈夫并没有去火车站接她，她觉得很受伤、很失落，这让她第一次产生了嫉妒的心理。她想象他和别的女人在一起，完全把她抛诸脑后。这种新奇的感觉并没有改变她对他的态度，他们不久就离婚了，但是这种奇怪的感觉使她困惑不已。有一瞬间，她甚至想，她可能还在不知不觉地爱着他，但事实并非如此，她继续办理完了离婚手续。事实上，这种嫉妒使她第一次怀疑自己在与他的婚姻关系中的行为是否表现得体，她是否尽到了作为妻子和女人的义务？如果不是因为这样的怀疑，她也不会对本来就不体贴，并且现在已经疏远的丈夫产生去火车站接她的期待；如果不是因为嫉妒，她也不会在婚姻破裂了之后，心里向丈夫提出这样的要求。

  另一个常被提及的嫉妒因素是同性之间的竞争。我们和异性的关系极大受到我们和同性态度的影响。假如一个女人的生活始终围绕着男人，并将其他女性视为死敌，她大概还会把她们的丈夫们都看成是可怜虫，上了外面那些奸诈女人的当。而男性之间的竞争则多是商业和工作上的竞争，女人在他们的生活中虽只扮演微不足道的角色，但也是不可忽视的。对自己的男子气概产生怀疑的男人，可能会将其他男人视为"真正的男人"而心生嫉妒，似乎自己从来不是、将来也无法成为真正的男人一样，其他的男人让妻子产生好感的地方，是让他格外敏感的。当妻子婚内偷情时，夫妻关系发生了巨大的变化，丈夫也可能会出现第三者，而且这个第三者会比妻子更能引起他的兴趣，让他产生更多的激情。那么接下来，丈夫会忽视妻子，表现出敌对的行为和情绪，但是丈夫真正的目的不是和妻子对立，而是对抗妻子出轨的对象——那个事实上可能比自己更加优异的竞争者。

嫉妒只是泄气的表现，不论是在和配偶的竞争当中，还是和同性群体的竞争当中，嫉妒都是加剧战争或是给自己的对抗和不礼貌举止所找的借口，是正直、有爱的人绝不会出现的行为。这些行为的目标，就是为了把责任推给受害方。

引起注意和获得权力

不足感和自卑感会让人们寻求补偿。其中，最简单、最好用的方法是试图引起关注。如果一个人不确信自己是否获得了充分的爱和被充分欣赏，他就会继续索求各种爱的信息。嫉妒能很好地服务这个目标。任何一个需要伴侣花时间和大量精力关注的外部兴趣看起来都很危险——配偶给予另一个人的注意，对他来说，这就像侵犯了财产权利一样。这种对注意力的继续索取会导致频繁地被控制，特别是当这种无止境的注意这一原始需求根本没办法完全得到满足之时。然后这种被忽视的真实感觉，将会导致配偶更加疯狂地索取。以爱和忠贞作为借口，嫉妒的人会监视配偶的一举一动。假如被监视的配偶没有遵守这些严苛的规则，那么这段关系就走到尽头了。假如一个人不愿意承担最终爆发的痛苦、苦难和暴力，那么他就会认真地对伴侣的每个要求做出妥协。而后者当然是完全"无辜"的，因为她的行为都受到情绪的影响，而情绪又加强了"最好的善心"（真爱和奉献）；重要的是，她一定正承受现实中的痛苦，这能"免掉"她对自己不正当举止的罪责。

O女士是家中的独生女，还有几个哥哥。她一直都是家里的注意力的中心，而且坚守这一个地位。结婚后，她被嫉妒的感觉折磨了很长时间，她始终觉得这非常不公。她经常问起丈夫和其前女友的感情经历，虽然——或许正是这样——他每一次都向她发誓她的魅力要比前女友多很多，他爱她胜过任何人。即便如此，她还是怀疑她是否在外表上比得过其他女人。她毫不隐藏自己的嫉妒，而且每次还会花好长时间和她的丈夫一次又一次地讨论这些磨人的事情。出于嫉妒，她监视着丈夫的行为。只要她觉得自己被忽视了，她就打电话到他办公室的座机，尝试查清他是否跟其他女人在一起。在嫉妒心的驱使下，她不让他留下她孤单一人，还忽视他的很多工作和社会责任，原因是这些工作和社会责任会让他远离她。有一次，她把丈夫留家里的尝试失败以后，开始用嫉妒作为武器，开始着手和另一个男人约会，想让他也尝尝嫉妒的滋味。她无法摆脱嫉妒导致的困扰，一边为嫉妒备受折磨，一边又不由自主地嫉妒。

报复

即便利用专横和怨恨，嫉妒会不断地强化战斗，但这根本不能保证地位和权力——绝无可能，因为它只会让两个人更加敌对，甚至还会引起对方的背叛——此时就到了公开敌意的最后一个阶段。嫉妒会被人们当成报复他人最可怕的武器。嫉妒的人巧妙地知道，什么时候是伤害"亲爱的"敌人最深的时候。人们在愤怒的保护之下，会发出最无耻的责难，用最刻薄的话攻击受害方的尊严和自尊，剩下的只有止不住的战栗、被压倒的绝望，双方都不再有人格上的尊严。

引起伴侣的嫉妒

我们通常在无意识中，就激起了自己的嫉妒。不承担责任，却让配偶犹豫不决，这很可能会让配偶一直处于不安全感和不充分感当中。有时候，人们会通过激起配偶的嫉妒，从而获得或者重获配偶的注意和兴趣。有时候，我们还会为了跟配偶大吵一架，或者为了自己都不愿意承认的原因，而主动挑起嫉妒。

我的一个学生曾向我苦恼地抱怨他妻子的嫉妒问题。在过去的几个月里，他们几乎天天吵架。她责怪他花大量时间陪其他女人，或因太关心他的家人而把她忽略了。对这些情况稍作分析，特别是对这对夫妻争吵的原因进行分析后，大家发现了一个令人惊讶的事实：他当时正面临一场艰难的、具有决定意义的大考，恰好，妻子的嫉妒开始了。这是巧合吗？当然不是。他自己都没意识到，从那一刻起他对待妻子的态度有了变化，致使她自然而然地变得多疑起来。从前他是个体贴、善解人意的丈夫，而现在他却开始忽视她。他回家晚了，对妻子的问题不感兴趣，极度敏感脆弱，非常好争论。难怪她怀疑他在外面有了别的女人。而他非但没有采取措施打消她的怀疑，反倒和她争论、责怪她，而对自己的问题避之唯恐不及。

这种情况可以被认为是夫妻之间的纯粹误会，但远非如此。他反复抱怨妻子的嫉妒让他无法学习、集中注意力，他指责妻子总是无缘无故地嫉妒。这个嫉妒不过是他为自己的缺点所找的借口，这样一来就可以减少他的心理负担。如果你对人类这种思想上的伎俩不了解，你可能根本不会想到，他自己在无意识的情况下，故意让妻子嫉妒不已。这样的解释可能听起来比较难以接受，但确实如此。就在我向他解释了，是他不自觉就挑起了家庭的争吵和纠纷，目的就是给自己认为的不足找到借口后不久，他家的情况就发生了转变。因为在意识到自己的真实目的之后，他就无法继续下去了。这样一来，他就不需要做出任何具体的行动，妻子的嫉妒也就停止了。当他摆脱了对大考的恐惧并不再找借口之后，他也对家里的改变感到惊讶。

理解并帮助嫉妒的伴侣

我们需要理解善妒的人的心理活动；否则，我们很可能会对真实的嫉妒原因视而不见。如果想躲避更大的灾祸，我们需要特别小心处理心理上发生的变化。让我们停下来，思考下前几段内容的价值。对于嫉妒的人而言，嫉妒的情绪几乎没有任何用处，因为屈从于情绪的时候，他不能更好地理解自己。如果一个人需要面对善妒的人，他应该不难发现这背后心理方面的因素。善妒的人如何使用这些因素呢？这是所有心理信息的决定性时刻。我们必须意识到，就像任何其他人类设备一样，心理学因素可以用于好的，也可以用于坏的目标。心理学可以被当作最强大的致命武器进行使用——也可以成为同理心和相互理解的基础。如果被配偶的嫉妒折磨得体无完肤的受害方，借助科学原理的分析，向他的配偶提出，他只不过是为了获得注意或者为了蛮横才使用了嫉妒的情绪，结果可能全然不会如他所愿。因为这么做只会更加激怒对方，使原本就不幸福的婚姻关系变得更加恶化。只有小心地避免用言语说破，运用获取的知识，采取适当的行为和有用的行动，才是正确地运用心理学的深刻观念。

我们能帮助嫉妒的配偶吗？如果妻子嫉妒不止，丈夫该怎么做？大部分经历这种窘境的人都会否认自己能做些什么来改善现状。他们可能会认为，对方简直就是"不可理喻"。但他们并不知道，所谓的"理性"是指完全没有用处的劝导和说教。因为他们采取了错误的方式，所以就认为他们的妻子已经"无药可救"了。

现在，让我们想象一个非常常见的状况。丈夫夜里回家，看到妻子不高兴，对他的问候也没有任何的回应。空气中充满了紧张的气氛。"你怎么了？"她还是不说话。很显然她在生气。然后他也开始生气了，并且要求她做出更多的解释。最后，她在沉默中爆发了："你去找你的女朋友呀，为什么回家找气受呀！"

丈夫在这种环境下通常会如何处理呢？假如他是个体贴、和善的丈夫，他可能会试图告诉她不要多想，试着说服她这样的想法是不对的。但很快，他便开始犯典型的错，开始为他的晚归而抱歉。可是无论他说什么，她就是不相信，接着，他变得越来越激动，甚至发脾气（人们在生气、痛苦时会说更多的话。而当双方处于友好的氛围中时，谈话会让人们更加亲近，但是在争吵和生气的环境中，人们说出的话就像利剑一样直刺对方，这简直比身体上受到的伤害更可怕）。

这是因爱情产生嫉妒而发生争吵的常见程序：被指责的一方会不停地为自己解释。我们如此信任逻辑概念，却对心理知识知之甚少！我们用力讲逻辑讲道理，却完全忽视了人们的心理状况。

逻辑不如我们希望和确信的那么有效。人们可以在逻辑上战胜对方，但是在尝试解释为何正确时犯下大错。我们忘记考虑当下的具体情形是否适用于讲道理、讲逻辑。对错在此时并不重要。就算我们是正确的，也不能解决问题。即便我们是错的，只要我们做了心理上正确的事情，也可以很好地解决问题。而假如我们在逻辑上正确，却在心理上犯了错，那么我们无论如何也不会获得成功。对方的态度，背后有着激烈的情绪作为支撑，这些情绪绝无可能被我们的论据、逻辑所改变。我们使用的每一个聪明的论据，对方都能轻易地拿出三项反驳。这样持续争论的结果，只会是双方都愤愤不平、气愤不已——将争吵推向白热化的程度，直到双方都精疲力尽，这已经是最大程度上的相互惩罚了。

还有一个错误通常发生在我们对待嫉妒的人时。因为我们不理解他人脑海里的想法，也没有意识到是什么让他变得这么苦恼。我们只看到自己受到了不公正的待遇，只觉得自己被无端责备。我们在摇摇欲坠的现状中表现出不足感让人心生怒气。因为不知道如何是好，于是我们变得敌对和反抗。现在，不是一个人的错误，而是两个人都有错。

嫉妒的感觉还可以通过机智的、巧妙的方式来减轻——如果我们有自信，如果我们能克制一些，不再觉得自己蒙受了耻辱，不再觉得自己受到了虐待。一个笑脸、一句耐心的问候，充满深情的接吻、一句挚爱的语言，这些都可以创造奇迹。如果人们不立即做出反应，而是再等等，就能找到令人轻松且开心的方式，缓和刺激的感受。责怪和争执永远都无法让人真正放松下来。只有在打消了误解和紧张氛围以后，才有机会给予有效的帮助。

嫉妒的人需要我们的援助。指出他的错误，是很肤浅的做法。每个人都知道被嫉妒控制是有问题的。事实上，从逻辑的角度来看，产生嫉妒本身并没有错。正是因为我们不够了解自己，所以用错误的方式表达了出来。从逻辑上来看，指责他人是错的。但是这种不足感或被忽略的体会却没有错。这是心理学上的事实。一个有同理心的配偶会做很多事情，从而鼓励对方，并为对方提供一种确切的安全感。婆婆（丈母娘）或假想的情敌都是次要的。因为次要的东西而争吵不止，这只会让我们偏离重点。但是想确认对方的爱和喜欢，就触及到了困扰的根源问题。被配偶欣赏、表现出尊重，都可以让嫉妒消失得无影无踪。让对方知道我们有多么需要他，就能帮助伴侣克服他的不足感。

还要尽量避免另一个常见的错误。虽然我们会因为嫉妒产生责怪、争吵、埋怨和鄙视，但最终我们常常不得不向嫉妒者的需要屈从。我们会尝试通过放弃抵抗来取悦对方。我们发誓不会再见另一个女人或男人，或减少拜访自己母亲的次数。可这些并不能解决最终的问题。它只会激起这种信念，那就是只要伴侣被责备得够狠，就不得不屈服。除此之外，它不会让指责的伴侣良心发现。尽管嫉妒赢得了胜利，但洋洋得意的配偶却能意识到他所造成的不舒服感，而且每一次胜利都会增加他的恐惧，增加他对最后无法避免的失败的害怕。当你和一个善妒的人打交道的时候，下面这几点要牢记于心：不要给自己找借口，不要尝试辩解或者说服对方；但也绝不能让步。要坚信，做你认为正确的事。屈从就像战斗一样收效甚微。这时应该给予伴侣他实际需要的东西——亲密和奉献。

嫉妒是一个精神学问题

从精神病学的角度来看，通常来说，要完全治愈一个内心极度不安而产生嫉妒的人是最难的。如果他们最后向你求助，他们需要的其实是帮助他——来对抗他们的伴侣。他们会不遗余力地试图证明配偶是多么不公平、不公正。他们很少准备好真正去了解自己。他们希望配偶改变行为，而不是自己改变。只有当嫉妒的人真心实意地想要接受援助的时候，心理治疗的帮助才能真正发挥作用。

其中一种治疗方法是，用让他心悦诚服的方式向他呈现他真正需要的是什么。评价他的情绪和他的行为非常愚蠢、无知，不会有任何效果。这样的评判或责怪完全没有抓住要领。首先，他的感受是真实的，这种感受可能没有意义，但是它确实存在并伤害了他。另外，嫉妒的人自身可能也会认同，他的嫉妒毫无道理。但是这有帮助吗？它反而只会掩盖实际的问题。没有人会有毫无意义的情绪；他们只是没有意识到情绪的真实含义罢了。

因此，嫉妒的治疗是综合性心理治疗的问题。我们需要先去探求不安的根源，在帮助患者理解自己的同时，还需要向患者提供帮助，这不仅要关注他当前遇到的对抗问题，还要对他的整个人生观和生活方式进行一场终极的回顾。然而，这样的理解和洞察依然不够，甚至意义的重要性也不高，除非这真的让他发生了改变，对过去错误的理念和方法进行了修正，对他的社会位置和社会参与度进行了重新定论。虽然不健康的自卑感是可以理解的，但是需要消除；我们必须帮助患者将其基于童年时期的经历和错误的解释而产生的社会兴趣缺乏逐一克服。通过这种方式，患者能够拥有新的勇气和自信，从而能够更加有效、准确地处理自己的社会问题。

虽然深受困扰的人可能会假装需要帮助，但事实上，他们很可能会抗拒任何来自治疗上的努力。如果不能让酗酒者先戒掉酒瘾，他的嫉妒是根本无法治疗的。有时候，嫉妒是更加严重的精神疾病——偏执狂的症状；有时候是严重神经症的强迫观念。在这些情况下，贸然治疗的预后效果一般也不太好。

克服我们自身的嫉妒

对普通人而言，重要的点在于，如果一个人因为嫉妒的倾向而万分痛苦，那么他需要做出哪些调整？了解自己的倾向大有裨益。当然，我们很难了解自己的情绪，改变行为更是难上加难。只要我们拿自己的感觉和情绪作为某一行为的挡箭牌，就可以把理性排除在有效的因素之外。情绪对态度的影响如此之大，以至于没有其他的影响因素能成功地介入。这就是我们为什么很难靠自身来摆脱嫉妒的心理。

为什么我们会抛弃理性，这个只要拥有就能控制情绪的工具呢？部分原因在于，所有情绪的产生和消亡都没有清晰的理性和逻辑，这使我们深信自己几乎无能为力，更别说靠自己的理性行为来改变它们了。认为情绪是无法控制的信念——情绪比理性更加强大——也是我们文化的一部分，可以追溯到数千年之前。认为肉体比精神更脆弱，如果精神上不允许的话，那么肉体几乎无法做任何事。这种说法其实并不正确。在强烈的不合理的情感之下，深藏着非常具体、实际的意图。假如我们能够大胆地承认这些意图背后的意义和重要性，那么控制情绪——控制它们的倾向和目标就成为可能。

假如我们嫉妒了，那么仅仅承认行为失当是不够的；即便我们承认了这一点，还是会觉得自己的意图是正确的。真正的洞察要求我们对自己的真实意图进行充分的审视。我们真的需要得到更多的注意吗？我们真的想要施加压力和影响力吗？我们真的打算伤害配偶，或者为我们的婚姻关系破裂找借口吗？只有当我们为自身的意图完全承担责任时，情绪才能帮助我们。假如丈夫去看望他的母亲而没回家，妻子因此嫉妒不已，其实她并不是真的在意她的婆婆，甚至她也没有多在意她的丈夫，她只关心自己、自己的地位、自己的价值。通过嫉妒这一行为，她试图向他证明，他不能忽视她，她不允许他关心其他人超过自己；而且假如他没有以她希望的方式给予她注意的话，那么他就必须付出时间和精力跟她争吵。而且假如他没有满足她的愿望，他还要付出痛苦的代价。

克服敌对情绪最有效的方法就是，认清我们产生敌意、维持敌对的目标。如果我们了解并且诚实地承认自己的目的，我们就会发现自己的确是情绪真正的主人，不论意图好与坏。我们都很难拥有这样的洞察力。我们可以做好准备，承认那些已经造成了自身情绪的显著心理因素：对自己和他人的多疑、不足感、和同性的竞争行为——这些都很容易区分。但如果只是接受这些事实，并把它们当作嫉妒的最终解释，那么这些知识助益不多。"这是真的，但我又能做些什么呢？"对我们目标的深刻洞察则属于完全不同的心理动力范畴。认识到我们产生的嫉妒，是为了达到支配的目的，这样能够削弱情绪，如此我们就不会将嫉妒当作行为的一个充分借口了。

改善，从自己开始

嫉妒会打开恶性循环的模式。当嫉妒走进婚姻关系的时候，典型的冲突状态如下：夫妻双方都没有意识到，其实伴侣的嫉妒是他们双方需要面对的共同问题，于是每个人都只会反抗对方，并且希望对方来解决对抗。实际上，只要其中一方不想让双方合作变得艰难，双方就有着真诚的意愿合作。但是，只要每个人都希望对方先改变自己，那么婚姻关系就没有改善的可能。嫉妒会变成双方争夺优越感的战争，看谁最先放弃的竞赛。双方都不肯首先做出让步，那么两人的关系变得越来越绝望，日渐稀少的乐观精神又增强他们的攻击能力，除了他们自己的声望以外，其他的都捞不回来。于是，他们陷入战争的僵持阶段，在这个过程中，他们用苦恼换来的，只是可以享受几分钟的胜利成果，但很快又会爆发新一轮的战争。

解决方案中，一个重要的先决条件是——双方都认识到要解决这个问题，只能从自身做起。这是所有可以成功和高效解决问题的唯一基石。在面对任何婚姻的问题时，能够有建设性的解决方案的问题永远只能是"我能做什么？"通过真诚的努力，找到自己能做的事情，那么即便面对最令人不安、已经明显无望的状况，彼此也能打开一扇通往和解的大门。没有什么情况是不能改善的。大概能找到的最好的解决方法未必就能消除一切不安和悲伤情绪，但是它一般使情况变得不那么复杂，而且最终双方还有可能找到一个彼此都满意的解决方案，而不管这个方案在最初看起来是多么不可思议。许多人在最初都想找到完美的解决方案，却没有为任何双方都满意的解决方案做好准备。他们没记住，不管怎样，我们都能找到改善的办法。可能这些方法起效甚慢，但它往往是可以带来协作和满意的唯一方法。

上面的话和所有的婚姻冲突问题都相关。我们这里只选了嫉妒这一点进行举例，阐述了婚姻关系摩擦的性质。下面来总结一下相关实际建议的讨论，这些建议可能适用于嫉妒以及任何其他的婚姻冲突：虽然每个人都必须主动采取行动，但落实到每个具体时刻，我们可以期望所受痛苦相对较小的一方给对方提供支持和帮助。在恋爱争吵开始时，嫉妒的人很可能是那个感受到最深痛苦的人——因此，在自己也变得痛苦之前，其实伴侣是有机会提供帮助和支持的。那么这一方能做些什么？

首先，一方应试着理解配偶的困境。比如，他为什么嫉妒了？自己又无意间做了些什么，让他变得更加嫉妒？是不是妻子在爱的奉献上没有给丈夫足够的指示，或者是妻子引发了丈夫的不安全感？有没有可能，因为她的虚荣心，让他认为自己不够好？如果通过这种方式，让妻子也意识到了自己做得不够好的地方，那么就有助于缓解当前的紧张情况，妻子就可以继续给予丈夫鼓励，让他舒心，并且充分地意识到，他现在就需要她的帮助——而不是在争吵后，如此他们就能避免回到先前存在的敌对状态之中。

我们如何使自己变得不爱嫉妒呢？如果我们确实尽职尽责，而且内心渴望维护婚姻的和平与安宁，那么我们自然而然会对自己发生的任何敌对迹象产生警觉（这是我们当今社会不安全感的特征，我们对轻微的敌对迹象都非常敏感——但只对别人的，而非对自己的）。我们感受到的任何负面情绪都是一种警报。我们内心发生了什么？我们检测到了自信心的陡然下降吗？是不是悲观情绪侵蚀了我们的勇气？之后冲突的危险和破坏即将来临，这时我们千万不能被愚弄：我们愤愤不平的根源看起来好像在我们的外部，但实际上源自我们的内心。现在是时候思考一下究竟发生了什么？我们为什么会自我怀疑？我们为什么不是寻找解决方法，而是选择跳起来反抗？我们需要情绪，但应该是热情、希望、乐观和同情这些情绪。要让我们免受嫉妒之苦，先让我们预防能感受到的任何敌意情绪吧。

通过为自己找到更好的心理洞悉方法，我们为改善做好了准备。冲突的状态只是一个症状。假如不着手解决潜在的本质问题，那么我们就无法让这种症状痊愈。假如不能改变我们对待生活的态度，我们对自己的信念、行事办法，我们就无法改变自己的情绪。每一种冲突都是人际关系的考验，也是对自身社会兴趣的考验。假如我们泄气、充满敌意、失去归属感，冲突就可能会变成一场灾难。反之，冲突可能会促进自身的进步和人类的演进，增加我们的智慧和体验，让我们的生存技能不断提升，同时也让我们的自信心不断提升。每一种冲突情形的顺利解决都是一次迈步。它揭示了我们成长过程中的缺陷，揭示了人类社会化过程的限制。只有胆怯的人才会逃避冲突；对勇敢的人来说，问题的存在就是为了被解决。我们来接受这一挑战吧！让我们学会对他人要求少一点，严于律己，宽以待人，然后生活更加幸福。

本章要点回顾（最触动你的文字有）：

第七章
婚姻问题与冲突

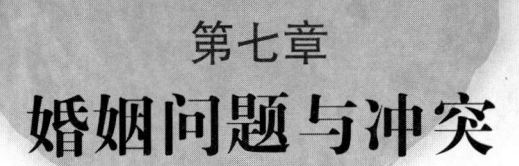

人类问题的本质

共同生活中,我们需要面对数不清的问题。人的一生就是不断克服困难的。婚姻有绝对的优势,让两个人在一起,相互扶持,一起为生存而努力。但婚姻也让我们去面对生活中的任务——这也是我们不得不面对的任务。婚姻中,我们遇到的不仅有生活中的普通问题,还有因结婚而产生的特殊问题。我们可能会将问题当作是对解决问题的能力的一种测验。婚姻问题,也是对我们能否与另一个人亲密相处的能力的测验。

上文这些思考表明,每个问题都与我们的个性和生活的不同层面相关。而问题的实际内容首先会表现在浅层次上。我们感到不安。这种对灾难的主观感受似乎完全是由于确切的、具体的情境造成的。似乎经济、社会、职业或性上的冲突都要求我们付出努力。如果努力解决不了问题,失望和不满将紧随其后。为了能够维持生活或婚姻中的合作与和谐,大部分正式的协助和建议仅局限于技术层面。这些建议会提供具体的技术手段,建议夫妻之间遵守一些具体的流程,从而与当前的情况相符。类似于书面的法律用来指导个人的行为。

当代心理学家会去探求任何具体问题背后的结构,这些结构通常与显而易见的问题本身不同,实际问题可能会被仅仅视为一种症状。任何问题都与身处其中的个体其总体生活状况相关,而这种总体生活状况是各种外部力量汇聚到个体上的,从而形成新的异于过往的生活观——即生活方式、教养和为生活所做的准备。

要建设性地讨论造成不满和冲突的原因,必须首先澄清心理上的误区,因为这些误区也会引发问题，也可能会隐藏令人满意的解决方案。尽管对我们来说，生命中的遭遇造成了真实的、具体的冲突，让我们感到痛苦、受到侮辱，有时甚至面对死亡，事实上，冲突只存在于我们的内心。现实是否存在，我们对"现实存在"的概念是什么，仍然是一个哲学的问题——非常令人困惑，而且一直让人困惑——直到物理学家揭示出物质的"精神实质"为止。他们发现任何具体的有形物质，完全都是由抽象概念和绝对非物质波组成。比如，人坐的椅子，是真实的，它是由木头或金属构成的。可能有人会希望对椅子材料的成分进行各种分析，找到不同的物质，但这是错的。如果一直分析下去，我们能找到的，只是由电子、中子和其他最小实体组成的粒子，然而实际上，这些元素里包含的也只是我们通常所说的物质波。单凭物质波的速度和数量，就可以确定材料（木头或金属）、密度（固体、液体或气体）以及颜色。当我们探究"真实事物"的背后，我们就身处一个完全不同的世界。好消息是，现代物理学和心理学的概念和方法是相似的。[1]对具体问题的分析揭示了问题的表象以及构成问题的作用力之间的类似的根本差异。每一个问题都是表象背后的个人表达和社会力量之间的冲突。冲突的解决，需要对相关事实、相关的条件和个性的理解。

事实的主观性

只要生活继续，各种因素之间就会相互对抗，利益会冲突、需求也会发生抵触。生命总会消亡，而成长总是试图打败毁灭。对于生活的总体来

---

[1] 亚瑟·斯坦利·爱丁顿（A. S. Eddington）就关于物质的新物理概念说："实事求是的物理学家很难接受一切事物的基础都有心理特点这个观点。但……心理是我们的经历中首要的和最直接的东西，所有其他的都是遥远的推断。"《物理世界的性质》(*The Nature of the Physical World*), The Macmillan Company, 纽约，1928年。

说是这样，对生活的各个部分来说也是如此。对于细胞乃至一个生物来说也是如此，甚至对于一个家庭以及一个国家、全世界来说都是这样。冲突和碰撞并不一定代表着痛苦，甚至于死亡也并不总是痛苦。在我们的悲伤和不幸中，只有极少部分是因为真正的灾难。死亡、疾病、战争和贫困只是折磨我们当代人类痛苦中的一小部分而已，很难令人相信，但事实便是如此。人类调整自己，适应最残酷的环境的天生能力令人惊叹不已。我们的痛苦通常来源于内心，来源于我们对待事实的态度，隐藏在我们的思想里面。我这么说，并不是指我们可以完全摆脱生活条件的限制，恰恰相反，我们现在比以往任何时候都能识别出事实和思想之间的相互关系。我们知道，人类的思想创造了现实和条件，而且思想自身也受到条件和经验的刺激。个体与其环境之间存在着永恒的相互作用。某个情景是愉快还是不愉快，只在有限的程度上取决于场景本身。我们的态度，引起了他人的接纳或拒绝——而且只有拒绝和不愉快的感觉相关。

我们的态度决定了事实的含义。事实本身，甚至生活本身是没有好坏之分的——没有愉快或不愉快之分。我们创造什么，它就是什么。几乎一切事物都包含了可能性；即使是死亡或疼痛，也有些人欣然接受、热烈拥抱。疼痛作为痊愈或者改善的标志（婴儿出生、瘫痪患者的第一个恢复的迹象），是让人非常愉悦的。美好可以源于任何事物，邪恶也是。任何一种具体的情况都可能会起到破坏或促进作用。我们自己的决定、我们预先形成的观念，引导着我们对美或丑的看法，并使我们能够寻求帮助或制造灾难。我们的"偏见感知"将事实变成了虚构：我们看到了自己想要看到的，我们得到了自己期望得到的。我们从经历中学到东西的能力十分有限，因为通常而言，是我们自己"制造"了经验，或者说，我们自己安排经验，然后有选择地对它们进行确切的解释。

有人把对生活的这种"唯心主义"的解释说成是，忽视了人类外部的条件所制造的任何冲突的结果。根据我们的日常经验，生活是由周围强大的作用力决定的，与此相对比，个体自身的力量似乎微不足道。遗传、卫生条件、经济安全或失业、战争或繁荣对我们的人生路径起着决定性的作用。

如果一群人受到迫害和压迫，那么他们中很少有人能成为幸福的人，而饥肠辘辘的人群也几无可能乐观面对人生。这不足以说明，社会的力量比个人的态度更为重要吗？

这些矛盾的观点正是人们对个人关系、对心理研究和心理咨询有诸多误解的原因。唯物主义和唯心主义代表了生活的不同方面。长期来看，从经济学和社会学角度研究人类问题的方式，都是唯物主义的；而宗教和哲学的角度，或多或少都有点唯心主义。但是，今天我们正在迈向对生命的整体认识。不论是心理学还是社会学中，都既能看到唯物主义的倾向，也能看到唯心主义的倾向。例如，行为主义学派，他们仅研究事物对个体的有形影响，但是语义学家则将个人的解释和理解视为决定性的因素。似乎很难将两者的观点统一起来。在我们努力将这两者结合的过程中，二者似乎都有道理，但却互相矛盾，我们需要现代物理学的帮助。物理学家指出，我们认为的偶然其实就是大数法则，我们不如将其称为"统计概率"——单个粒子的移动和移动速度似乎是难以决定、无法预测的。把这一理论应用到人类问题上，对"偶然"这个概念的解释就很有趣了。

社会因素的确有现实影响，它们决定着普罗大众的命运。但是，这些影响对多数人来说确实如此，对个体来说却不是这样。美国失业人口的数量取决于经济和社会条件，而经济和社会条件的影响具有严格意义上的决定性作用。社会经济条件有一丁点儿改善都会提高就业量，而相应的社会经济条件的恶化就会减少就业。这样的一种关系是确定的。但是，你、我是否遭遇失业，则既不被经济或社会条件决定，也不受失业人数的影响。它只取决于我们如何满足自己的生存需要。如果我们更加努力地生存、更加高效地生活，那么找个工作就不在话下——尽管这是以另一个人的失业作为代价，或者我们可以自己创造工作机会。

这是解决问题的唯心决定论，不同于偶然因素决定论，两种观念都有价值，我们可以来区分一下差异：第一种可以用来考虑个人问题，而第二个可以用来判断整体情况。在一个社区当中，自杀人数的比例每年都惊人地保持一致，这与经济环境有关（例如粮食的价格），或者与社会和政治环境相关，社会和政治环境的变化，也会造成自杀人数的增加或减少。在战争或国家解体期间，自杀者的人数通常会减少。但是一个个体是否会自杀，则完全与粮食的价格或战争的情况无关。尽管自杀者会受到所有总体因素的影响，但是是否自杀却并不全由这些因素决定，这些因素不对他施加决定性的、不变的力量。每个人可以自由地制定自己的计划，并相应采取行动。他在冲动下形成的态度，其实是以其个人生活方式为基础，他的态度与这个生活方式相符，决定了他将采取什么样的措施，走向何方。

婚姻冲突的背景

所有婚姻中的问题，都以我们所处的时代作为总体的社会背景。这一点就是我们在前文提过的，为何成千上万的男男女女面临的问题极为相似的原因。每一对夫妻之间的冲突和摩擦都映射出当今人类所共同面临的问题的影响力。经济不安全：这么多人对我们这个时代的社会、政治和经济问题感到无助；且因为价值观和道德观已经发生了深远的变化，又让人们缺乏稳定感；如今的社会正在解体为更小的单位，每个单位都设法牟取自己的利益；而竞争和对抗的普遍流行，让每个人都对他人产生了深深的怀疑；最重要的是，男女之间对名誉的争夺——这些要素，为原本琐碎的、无关紧要的争议增加了深度和含义。知道了这些事实，其实对克服夫妻之间的分歧起到的作用很有限。如果要产生作用，就必须应用知识。不幸的是，技术性建议自身的价值非常有限，因为个体的态度才是这些问题背后最重要的驱动因素。

理解自我，理解伴侣，对人性的相关内容具备一定的洞察力，这些很可能是帮助人们找到应对生活和婚姻中的困境时最有效的协助手段。

性生活不协调的问题

在我们讨论被普遍认为是幸福绊脚石的东西时，让我们睁大眼睛，寻找深藏在人性背后的冲突和需求。由于婚姻是能够提供性满意度的合法制度，所以性和谐被视为理解婚姻的一大基础。可奇怪的是，双方都认为性生活满意不仅不是当代婚姻的原则，更像是婚姻生活中的一种例外。性满意度缺乏的问题出现的频率越来越高，导致关于改善婚姻性关系的书籍汗牛充栋。大多数的书籍探讨的都是男性和女性在性节奏方面的差异问题，以及如何克服因差异而产生的阻碍。人们渴望获得这些信息，希望为他们无法得到满足的体验找到解决方案。很多夫妻可以在这类书籍中寻求到一些安慰。然而我们仍然想了解，他们重新获得的性快乐，到底是来自于技术性的建议，还是来自一对醒悟的夫妻重新结合到了一起，并决定用一种新的态度和相互的好奇共同承担解决困境的责任。很有可能，这种责任分担会比结婚所建立的分担产生更深层、更持久的和谐和统一，因为仅凭一种新技巧，并不能产生持久性的效果，也不能拯救正在恶化的婚姻。

"性生活不协调"这一短语使用得太过频繁，通常也会被当作借口，其实背后隐藏的是拒绝。毫无疑问，任何人都可能会对特定类型的异性产生性上的吸引力，而不是其他人。先前的体验和个人的倾向导致了个体之间的偏好。虽然一个人会被某种类型的人吸引，但是这一偏好只在求偶过程中才重要，永远仅仅喜欢一种类型的情况极为罕见。结婚后，会有其他因素支配性关系。最偏好的"类型"可能很快就会失去吸引力。前面我们曾经谈到一个案例中，那个丈夫在他已经完全确信，他的妻子不可能激发他的性趣之后，重新发现了妻子的性吸引力。通常来说，缺乏性兴趣、不能引起性刺激、性需求多样、性过程不满、阳痿、性冷淡、性厌恶，都不是任何所谓的性生活不协调的原因，而是两个人冲突的结果，反映了夫妻之间的对抗态度，这些态度影响他们的性行为。没有任何技术指导——毫无疑问，技术指导有其优势——两个相爱的人肯定会发现彼此的性吸引力，并且还能保持这种性吸引力。

唯物主义者高估了人体生理和性需求完全满足的重要性。他们相信，性有预先设定的目标，而且生理欲望会枯竭。让我们想想这些事实。通常，新婚之夜是第一次大失望，很多时候，新婚之夜代表了婚姻幻灭和不幸福的开始。新郎和新娘没办法达到共同满足，之后他们也学不会更好地理解对方。他们会解释说，他们的生理构造和需求相差太多。或者他们会发现两人都被激情淹没，极其兴奋；很快，新鲜劲儿就会过去。他们的欲望厌倦生腻，他们开始寻找新的刺激、新的冒险、新的体验。即使在不是特别极端的情况下，这些人可能会相信性的刺激会在日常琐事中消磨殆尽了；但是，他们依然需要新的体验来保持欲望的燃烧——可是单调乏味会扼杀乐趣。成千上万的人相信，原本的性和谐会日渐耗竭，因为从表面上看，他们自己的体验也证明了这个观点，而实际情况却是，他们无法对自己的经历进行深层的探寻。

满足感要求双方一起调整

男女进入性关系时，都会把他自己的个性、以往的一系列经历——当然，还有他自己的生理构造，带入婚姻的结合过程中。如果他们两人恰好完美匹配，那可真是超乎寻常的巧合。男欢女爱是一门艺术，就像其他的艺术一样，需要经过长期的训练才能让这个过程变得更加完美。如果男男女女都是好艺术家，那么他们就会立刻找到契合他们的方式。然而，即使他们完全不了解这门艺术，甚至于他们之前对待性的原始态度完全不同，他们依然可以一起学习。每一段性关系，经过了第一次的激情释放之后，都是双方相互调整的过程。

让我们首先声明，两个恋人可能会遇到的差异：可能有人被动、有人主动，有人要求高、有人顺从，有人会引导、有人喜欢跟随。每个人都可能是莽撞的，也可能是耐心的，有些人是冷酷的，有些人是敏感的，有些人以自我为中心，而有些人则处处为对方着想。所有的这些特质都会在性行为中得到表达。在某些特质或习惯中，可能会有一些与生俱来的一致与和谐。但我们能期望所有特质或习惯都有这种和谐吗？在两个人水乳交融之前，极少有夫妇能够做到完全理解对方——所以，他们会失望就再正常不过了！此外，双方都带着各自的全部过去，他们经历过的、喜欢过的、梦想过的，统统在紧密融合的时刻显现出来。一对夫妇的背后有很多人。

但是，恋人们通常并没有意识到"背后的参与者"——但是，如果这个集合体没有达到自己的标准的话，他们就会失望。所有这些给予和收到的情感，对所爱之人表达的所有情绪，对父亲或母亲、兄弟姐妹、对过去的男朋友或女朋友的理想形象——全部都融合到了一个人身上，我们与这个人相爱。在体验一个现实存在的人时，我们首先体验到的，是自己爱过和期待过的事物的象征。即使情况顺利，伴侣可以满足我们的每一个需求，很快我们也还是会从美梦中醒来。然后我们需要学着认清、了解我们的伴侣，要学会爱这个人。但是如果我们爱的只是头脑中想象出来的人呢？那么我们就会失望，然后无可奈何地退出。只有当新的体验强烈到征服过去，并为我们的需求和期望打开了新的窗口时，我们的爱才会持续。如果伴侣之间没办法做出这种必要的相互调整，性不满就会出现，不和谐就日渐增加。

A先生和A太太向我咨询他们的性生活不和谐的问题。他们深爱着彼此，双方都有良好的合作精神，这帮助他们理解彼此，而且通常来说，可以解决他们之间共同的生活问题；但是在性这一块，彼此却完全疏远，而且现在他们已经到达了无法享受性爱的地步。他们对性失望的决定性因素似乎是他们在情感训练方面的差异。A太太是独生女，她的妈妈对她充满着爱意，并且是在一个温暖的、可以开放地表达爱的环境中长大的。然而A先生呢，在只有13岁的年纪就离开了他的原生家庭，之后就一直自食其力了，他在年轻的时候一直是一名水手。当他最后决定要安定下来拥有自己的家时，A太太用她母亲般的爱意让他印象深刻，他爱上了她，她也爱上了他，因为他能自给自足，是一个承诺给予保护和稳定的男人。双方的预期都得到了实现，但是有一点没有。当她仅仅希望与他温存爱抚时，他却总是性欲高涨。而他拒绝她只想要亲近、接吻和拥抱的需求，她怨恨他在性这一方面对她不讲理的强势。几年里，双方的怨恨越来越深，直到他阳痿，完全失去任何性欲，因为他能感觉到她的痛苦、不情愿的屈服。两人都没能学会喜欢对方所喜欢的，都觉得自己的需求"合情合理"。两个人都想要得到满足，却不想给予彼此满足。

态度比技巧更重要

不幸的是，这种对满足感的追求非常普遍，而且它就是很多摩擦和失望的来源。极少有人意识到性满足来源于心理上的满足和满意。这不是说伴侣永远不令对方满意，而是说他们不是活在彼此的心中，而只是活在自己的心中。他们在意的，是自己的感觉、自己的能力，他们只在意自己是否会被伤害或被拒绝。他们摆脱不了以自我为中心。**满足的爱意味着毫无保留地、无条件地感受对方。当一个人体验到的是自己的需求时，他的心里就没有了对方，而是以自我为中心了。**

如果越来越强烈地感觉到这是应尽的义务，或者对一方信誉的威胁，情况也是如此。尽管某人似乎也想着要履行他的责任，但是这种义务感——为了证明自己是否有能力的责任感——和全身心地感受伴侣的感觉，是不相容的。除了伴侣互相享受和满足之外的任何兴趣都会导致分心，从而让感觉荡然无存。阳痿和性冷淡都是感觉消退的结果，就像其他的神经症状一样，它们也属于神经机制表现出来的症状，掩盖了真正的意图。例如，虽然从表面上看，似乎一个人关心的是满足和满意，实际上他更加关心的是自己的个人名誉和失败，以及其他的一些防御性的问题。正是对她们女性身份的怨恨，导致了很多女性会犹豫着不想在深交的过程中承担自己的责任，而正是这份怨恨才形成了性冷淡。通常，女性甚至都没有意识到自己的冷淡，因为她们深爱自己的丈夫，甚至也能感受到性欲上的刺激，但是她们缺乏最后的终极高潮，因为她们会觉得这是完全屈服的标志。也有些人会徒劳地期待能有一种特定的刺激方式让他们达到高潮，但他们没有意识到，其实是自己妨碍了情感的充分发挥。男性的阳痿也是相似的机制。阳痿要么意味着渴望草草了事，要么是为了保持距离，也有可能反映了一种对能否成为"真正的男人"的怀疑。缺乏性刺激或情感的深度不够，一直以来都意味着克服以及渴望保持距离，通常是婚姻的不满意和在生活中其他方面的不和谐导致的。

虽然最近已经激起了一番探讨，但是我们也有必要考虑到男人和女人在性感受之间的生理差异。一个常被我们忽略的事实是，男人和女人在某些情况下必须根据对方来调整自己，因为没有两个人受到过的训练是完全一样的。性关系所面临的一大危险就是，双方有了向伴侣提出要求的倾向。男人或女人"应该"做出不同的表现或做出不同的回应，比如慢一点、更快一点、温柔一点或更粗暴一点，增加或者省略某些行为。毫无疑问，我们可以调教对方，但是决不可通过要求的方式调教伴侣。要求只会激怒对方，最终产生不和谐甚至敌对。

如果没办法自动获得相互满足，一方必须开始调整自身的过程。女人比男人更容易感到失望。她们的延迟反应有生理来源，还是她们对性满足这一块呈现出犹豫的态度的表达？这样的态度显然是社会传统所强加给她们的，这种顺从教养使女人更倾向于提出要求和失望，期望她们的伴侣来找到解决方案。然而，恶性的循环导致怨恨，并给性关系带来更大的困扰。

实际上，男人和女人之间比唯物主义生理学家所认为的更加相似。两个人如果全心全意地互相接受，他们就会产生无与伦比的互相模仿的能力。之后，一方发生的任何事件都会跟另一方分享。人类是如何突破他们自身的身体界限来传递感觉，甚至是思想的？这依旧是人类的奇迹之一。只要他们不再受到他们的恐惧和忧虑的干扰，只要他们在完全放松的情形下完全接纳对方，那么任何一方的任何情绪冲动给双方带来的影响是类似的。在这种情况下，兴奋和满足自然就会发生，无论动作或速度究竟如何。相互调整的程度实际上是没有限制的。它完全取决于相互接纳的意愿如何，而没有要求和怨恨，没有抱怨和不安。只要双方都喜欢，那么做什么，怎么做都是对的。如果只是单方面的性满足，就是对伴侣的一种虐待，与强奸没有什么两样。[1]爱是两个人的任务，性是两个人的相互理解。[2]

爱需要持续呵护

意识到这一点之后，夫妻之间可以尝试着刺激双方的感情，去获得回应，而不只是考虑自身的权利。太多人一旦结婚之后，就忘记了他们有吸引和诱惑的能力了。他们认为，一纸婚约赋予了他们获得满足的权利。当他们的期望没有得到满足之后，就提出更多的要求，而不是努力尝试，变得更有吸引力。很多女人承受很多痛苦，就为了在出门或聚会之前，让自

---

[1] "无论是谁羞辱和蔑视谁，其异性伴侣都不能获得爱的幸福。"沃尔特·贝伦·沃尔夫（W. Beran Wolfe）:《人类怎样才能快乐》（*How to Be Happy though Human*），Farrar and Rinehart，纽约，1931年。

[2] "一切产生于正确理解的东西都是对的，正如如果一个人跟他的伴侣不和谐，一切都是徒劳的。"苏菲·拉扎斯菲尔德（Sofie Lazarsfeld）:《生命的律动》（*Rhythm of Life*），Greenberg Publisher，1934年。

己变得更有吸引力，但是却忽略了在家庭的亲密生活中付出心力。她们将丈夫的爱当作了理所当然，而不是不断地赢得他的钦佩和爱慕。一旦结婚，她们似乎就不在乎要不要激发伴侣的感觉和情感，而且她们还会忘记当初成功用来得到伴侣芳心的那些微妙的方式。有时候她们甚至觉得这些小伎俩令人羞耻。不，其实她们应该像谈恋爱的时候一样去喜欢这些做法！女人不会因为年轻漂亮而不需要用技巧来保持丈夫的热情，也不会因为年老色衰而找不到这样的技巧。

对于很多男人而言，他们基本上采取相同的方式对待妻子。结婚之后，或者至少在蜜月结束之后，他们就常常忘记那些"甜蜜的小玩意儿"，这些小伎俩之前带给伴侣多少兴奋啊——或者说，有些男人只会在特定的社交场合，才会重新去做这些事情，目的是为了当着别人的面证明他们之间的爱情还在。他们可能没有意识到，一个女人会去不断寻找爱和喜欢的迹象，而且如果男人做不到一遍又一遍地表达对她的爱的话，她们根本就找不到一点自信。在结婚之后时不时给女人带来惊喜，其实既不是什么难事，带来的满足感也一点不比结婚前少。但是，男人们很少会训练自己去做这些事情。他们觉得自己的妻子有义务履行婚姻的"责任"，并且把性满足的要求作为责任的一部分。实际上，很多男人婚后，只会觉得男人的渴望更重要，而女人在任何时候只要接受就可以了。他们认为，女人必须始终准备好，但不能主动提出要求。

就是这种对男性优越性的深信不疑，支持着他们那些荒谬的、往往是致命的假设。他们还没有意识到重要的一点，即回应性需求是夫妻双方的事，而性关系中的任何分歧都是两个人必须共同面对的问题，只能通过双方共同的努力才能得到圆满的解决。

每个问题都是一个共同任务

认识到每一个令人困扰的问题都需要夫妻双方相互鼓励、共同协助，对婚姻幸福有着至关重要的作用。即使婚姻中产生的最为严重的问题，其实也不会威胁到夫妻的盟誓，相反，它们通常会让夫妻二人更加亲密。问题的重要程度其实无关紧要。真正重要的是夫妻二人在面对困难任务时相互扶持的能力。双方都接受的一致理念和强大的价值观，会增加二人抵御挫折的能力。丈夫和妻子之间共有的强烈的宗教信念、清晰稳定的哲学生活理念也会让婚姻关系变得更加稳定。并不是说宗教信仰上的差异或相互冲突的信念就必然成为障碍。存在差异，只是代表双方需要达成更加全面的理解、更多的宽容意识。这个意识本身就表现出崇高的道德价值，这不仅能够改善婚姻困境，还会让夫妻二人更加珍惜彼此。

对方的家人是相互的任务

对婚姻造成了极大威胁的另一个常见问题来源于与对方家人的关系。并不是说，因这一原因而产生的任何窘境比任何其他问题都更加难以应对，而是这样的情况，会令我们更容易责怪伴侣和他的原生家庭造成了夫妻间的摩擦。通常丈夫的母亲和原生家庭更容易引发矛盾。岳母通常会很欢迎家里多了一个男人，但是婆婆通常会认为没有哪个女人能配得上她的宝贝儿子。当然了，关于这一条也会遇到很多例外情形，经验表明，情况会稍微有利于丈母娘一些。无论对方的家庭会在何时对夫妻关系产生威胁，除非双方都郑重地认定这一问题是他们双方共同的任务，否则无一例外都会造成摩擦和失望，都会让一方责备另一方偏心，没有理解自己的处境。

一旦形成了这种敌意，夫妻双方就很难找到满意的解决方案。试图让另一方相信他（她）错了无济于事，一点也不会增进双方的理解。妈宝男的妻子常常很容易忘记，其实她的丈夫也一样因为他母亲的控制或溺爱痛苦万分，为了成为好儿子，妈宝男们可能会觉得自己有义务维护自己的母亲免受责备，当一个聪明的妻子意识到丈夫在深爱的母亲和钟爱的妻子之间存在矛盾时，不论她的抱怨有多合情合理，她也不会用抱怨来让他不安。如果我们把自己的智力和精力用在正确的方向上，就会发现那些许多人认为几乎无法解决的困境，其实都能够找到有效的答案。毫无疑问，不同的家庭成员之间总会存在兴趣和理念上的不同，而且这些不同也许是根深蒂固的。但是婚姻的和谐不一定会因此受到伤害。

R太太发来求助：她新婚不久，他们夫妻俩单独在一块的时候过得很好。只是有一个问题似乎很难解决——她丈夫的家庭，她现在几乎已经黔驴技穷了，迫切希望能够找到方法，以避免自己犯下更多的错误，而这些错误俨然已经威胁到了她的婚姻。她丈夫在结婚之前一直和他的姐姐一起生活，所以一直以来这都让一众女孩对她弟弟望而却步。在和R太太恋爱之时，他年纪已经不小了，R太太在恋爱期间努力经营，最后终于让她丈夫摆脱了家庭的束缚。而他的姐姐却因为害怕弟弟不再给她提供经济支持，暴怒不已。她甚至拒绝出席婚礼。

就在这之后不久，他的姐姐主动邀请弟弟来看自己。想到她之前一直那么顽固，他犹豫了片刻，但是最后还是去了。R太太没有接到大姑子的邀请，因此非常不高兴，因为她觉得自己被大姑子公然拒绝了，她觉得在这样的情况下，丈夫也不应该答应去。丈夫回到家中之后，仿佛完全变了一个人似的，这让她的怨恨爆发成了公开的愤怒。丈夫变得冷漠、恼火、易怒，在他们短暂的婚姻中，他们之间的氛围第一次变得紧张、不愉快。这样的状态持续了好几天。他们没有对此事进行讨论，但是几天之后，感情自动恢复到了从前。

可惜好景不长，这个和平的局面没有维持多久。几周之后，大姑子又打来电话，邀请R先生。这一次，R太太明确地表示反对R先生前往。想不到这让他们之间首次出现了争论和敌意。尽管实际上他并不能责备他的妻子的要求，但是R先生却指责妻子一点儿也不理解他，而且认为妻子干涉他履行对自己原生家庭的义务。在这种情况下，R太太才过来求助，她想知道，自己到底要不要冒着丈夫被他姐姐煽动敌对自己的危险，而让他去看望姐姐。如果他恢复和原生家庭的亲密交往，很可能会离开自己，或者她要不要冒着公开争吵的危险，反对他去探望姐姐的想法。其实她也知道，这样并不能阻止丈夫偷偷去看他姐姐。

我试图让R太太了解，跟她丈夫争吵或者完全投降都帮不了她。但是，还有另一种可能性。毫无疑问R先生自己也陷入了深刻的冲突之中，而且他也无所适从。他对妻子的忠诚与他对自己原生家庭的忠诚发生了冲突。她为什么不去帮他呢？于是，R太太找到了解决方案，她回到了家，然后告诉她的丈夫，她不想让他疏远自己的原生家庭，并表示带着她一起去拜访他姐姐不是更好吗？他的回应非常迅速而且强烈。他深深感激妻子尽管受到姐姐的各种羞辱，却依然愿意和他一起去。他立即打电话给他姐姐，问他可否和妻子一起去。听了这个情况，姐姐找了个借口说下次再邀请他。但是从那以后，姐姐却再也没有邀请他了。他们再也没有因为这个问题产生分歧。

不是所有因伴侣原生家庭的问题而产生的冲突都能如此顺利地解决。如果丈夫的家庭排斥妻子的加入，那么妻子要和丈夫的家庭相处则需要更多的耐心和精力。但是只要妻子不让任何人把丈夫从自己身边赶走，只要她站在他的立场考虑问题，鼓励他、支持他，帮助他克服自己的内在冲突，那么在现实中就没有任何东西能够破坏他们之间的和谐。有时，妻子甚至能够在最后战胜她的婆婆，让婆婆认识到，她与儿媳之间的竞争没有止境，她永远无法把儿媳从儿子的心中赶出去。

一开始想要找到最好的解决方法似乎绝无可能，但是只要一方带着同理心，去理解对方所受到的羞辱和伤害，那么这个善良、勇敢的伴侣就可以找到解决之道。如果无法解决冲突，那么妻子可能会说服她的丈夫，无论他们多么真诚地想要找到解决方案，但是几乎没办法帮助婆婆。如果丈夫看得出妻子的真诚和恳切，对她和她的优势有信心，那么他可能会自然而然地与他的母亲保持相互独立，从而使他幸运地避免了成为一块夹心饼干的痛苦处境。在任何情况下，妻子如果表现得体，既没有屈服，也不去挑事，而是表达理解和帮助，那么母亲和儿子之间就能够恢复平衡关系，这样就不会威胁到婚姻关系了。

当然，就丈夫而言，对于妻子的家人也是如此。如果丈夫容易嫉妒或者占有欲强，并不会因为他被妻子的家人排斥甚至羞辱，就将这种嫉妒心理视为理所应当。如果他觉得他可以要求妻子屈服，如果他觉得女人离开原生家庭，嫁到夫家是女性的责任，那么他就不理解她作为人类的天性。他可能会强迫她屈服，但他最后得到的只能是自己种下的敌意。如果男人觉得自己有权利提出要求，那么将提出要求作为解决问题的手段根本无济于事。不幸的是，在男人遇到困境和冲突的时候，他们往往并没有准备好向自己的妻子施以勇气和安慰，仿佛有着一道无形的男性优越感构成的铜墙铁壁，在妨碍着他们表现出同理心和理解。男人们对威望的敏感太容易占上风了，他们认为名誉关乎自己的尊严，只能通过向对方提出要求并强迫别人屈服才能维持尊严。于是，虽然问题看起来似乎是因妻子的娘家人而起，实际上却是由丈夫专横、苛求的行为导致的。

经济困境

在分析婚姻不和的其他原因之时，需要我们同样仔细地分辨真实的问题和看似真实的问题。在破坏婚姻和谐这块，经济困境常常被人提及。"贫贱夫妻百事哀"听起来是对的，但真的是这样吗？我倒是看到很多夫妻虽然经济十分吃紧，却依然浓情蜜意——而这不仅仅是因为夫妻俩离不起婚。更何况我们发现，经济繁荣时期的离婚率升高了，显然夫妻两人支付能力的提高并不是原因。

困难既是两人的同心结，也有可能是夫妻离婚的导火索。经济萧条时，夫妻同心其利断金，也可能会大难临头各自飞。不管什么类型的不幸事件，都可能是考验伴侣勇气和忠诚的试金石；这是婚姻关系的基础考验。如果妻子只是为了获得经济上的安全而结婚，那么丈夫失去收入就会使他们之间的婚姻基础解体。另外，如果双方拥有归属感，那么困难只会加深归属感。**如果夫妻双方能够真诚地尝试，那么那些通常对双方的理解有害的多数微小的冲突就会消失。**

当真正的灾难来临时，根本无暇顾及个人名誉的问题。在生存受到物质、经济或社会的威胁时，任何想高人一等的愿望，任何显得低人一等的恐惧都会失去意义。过去那些关心取悦、外表和奢侈品的女人现在会变成丈夫的真正的伙伴，牺牲安稳来帮助丈夫，甚至提供经济的支持。在这种情况下，很多夫妇会发现自己以前没有觉察到的另一方让人喜爱的品质和特征。

但是，经济困难常常是导致婚姻解体的直接原因，这一点无法否认。经验告诉我们，要越过直接的冲突，寻找深层次的原因。正如我们前文所说，也许这种婚姻的缔结的基础还没有强大到能够抵挡任何压力，或者婚姻本身就已经被其他的摩擦所损害，因而增加的一点点压力，都会酿成毁灭性的后果。我们必须总是保持警惕，所有婚姻崩溃的背后，都有人际关系合作的大敌：过分强调个人的名誉。经济困境如何影响个人名誉呢？要理解这个问题，我们必须认识到许多看似基于经济困难的婚姻不和，和它深层次的根源。

男性作为供养者

之前在讨论有关男性和女性的权利及责任的普遍概念时，经济问题我们只是一笔带过。很多女人会根据一个男人（丈夫或男朋友）在她身上花费的金钱来衡量自己的社会价值。如果丈夫的经济能力下降，似乎就会给她的社会威望带来无法容忍的损害。任何一个男人敢在这个问题上危害妻子的尊严、威胁她的社会地位，那么他不得不面对妻子对他的轻蔑或蔑视。然后，双方就开始了争吵或互相指责。但事情还有另外一面。男人极容易将他们的地位与所赚的钱的多寡联系在一起。这种概念如此普遍（至少在经济萧条时期是这样的），那些赚不到钱或者没有钱的男人被认为是失败者。而失业对男人来说，是比女人失业更加难以承受的打击。那些失业了，或者失去财富的丈夫，他们所产生的那种深深的不足感，会使他为了让自己在家中的个人威望不受损害，而与妻子发生更多的敌意和对抗，并严重破坏婚姻平衡。

如果丈夫没能或者无法充分供养家庭，他需要付出更多的勇气并维护彼此的尊严来维持婚姻的和谐。因为妻子容易把丈夫的这个缺陷当作他的个性缺陷，常常认为丈夫不能赚更多钱，是因为忽略了妻子和家庭责任。虽然丈夫作为男人的自尊不容他流露出羞愧的感情，但实际上他常常感到自己的不足。而且在行动上也会清楚地表明，他想要弥补所谓的失败，可他的尝试往往徒劳无功，令人不安。他可能会整天躺在床上什么都不做，用这样的方式主动或被动地表达抗议；他还有可能会表现得像个暴君一样，把其他的家庭成员指挥得团团转。而妻子呢，始终无法理解丈夫为什么会有这样的种种表现；而且当丈夫越来越不愿意分担家务时，她的怒火也会越来越大。她会觉得，如果丈夫不去上班的话，他此时应该更自觉地要承担一些家务才对。她完全没有意识到，他会把做家务视为女人的活儿，因此做家务反倒加重了他羞愧的感觉。而妻子的唠叨，会把丈夫推向更加不屑一顾的敌对位置。

如果男人们接受的教育让他们明白，做家务并不可耻，同时教育女性供养家庭也不是男人一个人的事情，那么丈夫的失业根本就不会产生这么多的问题。但是，对于某些职业的男性来说情况又有点儿不同。比如说，艺术家、演员、作家、律师或科学家丈夫，此时丈夫的重要性并不完全体现在他赚的钱上，在这些领域或相似领域工作的男人，可能职业上声望在外，但是却安守清贫，虽然妻子要承担家庭的经济责任，甚至供养丈夫，但依然会为他感觉骄傲。这一类型的男人和女人往往还看不起那些只会赚钱养家的男人。

有时候，"男人必须赚钱养家"这样的概念也会在另一种方向上带来新的困难。多数男人会怨恨妻子想要外出工作、自己赚钱。他会觉得，如果妻子需要工作的话，这对他来说是一种羞耻。实际上，正是因为丈夫在追求最新地位和优越的想法，才会导致男人怨恨妻子有自己的事业。想要克服这样的困境对一个想要作出自己的贡献、追求个人认同的女性来说绝不轻松。无论是抗争还是妥协都没什么用。如果是斗争，那么夫妻之间很快就会关系破裂，即使她赢了，他也会一直对她的成功耿耿于怀，某些情况下，还会让丈夫在与妻子的竞争中气馁，导致丈夫自己的效率和能力上狠狠受挫。如果妻子妥协的话，又会让妻子产生怨恨，从而让她陷入不幸福、无意义的生活，或者用其他方式表达自己的独立，例如对嫉妒的丈夫心生怨恨。

伴侣之间的冲突并不一定会妨碍他们之间达成一致，当两人达成一致后，双方就会获得某种平衡。很多女性渴望拥有自己的事业，她们其实也能做到，但是却主动放弃，因为她们敏感地意识到了，如果自己事业有成，会对丈夫的发展带来困扰。但是，妻子的放弃也不是一种"投降"。这是在综合考虑到了各种利益之后的一种主动选择。如果女性对某项工作由衷地感兴趣，并决心去从事它，那么她因为丈夫的威胁或恐吓而放弃这份事业其实并不能解决问题。她应该做的是，要找到一种既能维护婚姻稳定又能发展自己事业的方式。这需要她掌握赢得丈夫赞同的能力。争吵、哭泣、威胁、指责只会增加敌意。勇敢的、开创自己事业的女性应该是和善而坚定的，她应该能够说服丈夫，即使她找到了自己的事业领域，丈夫不会因此而有任何损失，他的男性优越感也不会失去。

夫妻之间的冲突，不管是因为丈夫不能赚钱养家造成的，还是丈夫想要成为家里唯一赚钱的人，如果想要避免灾难，那么需要遵守的有效原则都是一样的。首要的，妻子必须认识到丈夫的问题之所在，帮助他解决问题。即使他表现得像个暴君，妻子还是要鼓励他，或者说虽然他表现得像个暴君，内心其实需要的是鼓励。如果丈夫阻止妻子出去工作，那么恰好证明了他的气馁，他害怕因此而不能保持在家中的优越地位。如果一味地试图证明丈夫的行为和想法多么离谱，结果只会使丈夫的担心和质疑妻子忠诚的这些想法成了现实。**任何时候如果产生了名誉、不信任或者不自信的问题，那么逻辑争论其实是没有任何效果的。**如果对方觉得伴侣是在羞辱自己，那么羞辱就不可避免了。只有真诚地表达喜欢、证明爱的存在，才可能会强化归属感，并且为达成一致建立感情基础。在相互信任和信心十足的氛围中，双方可以解决最有争议的问题。当然，如果妻子根本不相信丈夫会同意这样做，或者不相信自己能够让丈夫理解她的想法和观点，那么等待他们的就只会是战争和失望。

妻子的战略地位

对伴侣的怀疑通常建立在希望证明自己优于对方的无意识中，这种无意识想法就是造成显而易见的、不可避免的困境的推动力量。如果丈夫是个酒鬼，他的妻子往往会因为她的忠诚和忍耐而被公众大加赞赏和同情，而令人不解的是，这样的情况反而会让这个家庭的情况更加恶化。实际上，妻子是个野心勃勃而效率高超的女人，正是她自己选择了这么一个软弱、不稳定的丈夫。她会因为自己好心好意地引导和拯救了丈夫而骄傲不已，可实际上她只是在利用丈夫的缺陷中"彰显"了自己的美德。这种类型的女人会让跟她在一起的任何男人都失败。在她的美德面前，他根本没有机会与其一较高下，于是只能通过自己唯一能控制的品行不端来惩罚她。其实丈夫很少能意识到，他的折磨只会增加她的荣耀。一个酒鬼的妻子通常是一个典型的"受难者"；她受到的苦难越多，她就越觉得自己神圣。

综观他们的婚姻历程，我们其实可以发现，在很多时候，妻子已经可以让她的丈夫不再喝酒了。这些时刻往往是丈夫关心妻子，而且还没有对她的轻视和唠叨产生反抗和敌意，妻子的坚定态度会使丈夫认识到自己的行为后果——失去她。但事实上，在每次争吵之后，在每次威胁之后，她都会屈服，然后会相信他的那些承诺，即使她的心里很清楚他永远不会兑现。如果想要治疗酒瘾，那么我们先要说服他的妻子。因为妻子的神圣和男人的邪恶相辅相成，是典型的殉道者模式。这种特殊的平衡关系的组合，并不仅仅只是男人的错。

尽管上面的分析听起来好像我们要把冲突的责任归咎于女人，但是我们知道对和错绝不可能是单方面的。不幸的是，在婚姻的冲突当中，女人会更受伤。因为她们对婚姻寄托了太多的期望，因此她们会对幸福的婚姻更加敏感——这给了她们更多的责任心。事实的确如此，婚姻的走向一般情况下都取决于妻子怎么去做，而不是男人的做法。几个世纪以来，女性被教育要安于家庭。尽管她们也会对外遇产生"天然"的兴趣，但是这些兴趣只要男人强烈抗议就会消失得无影无踪。女性一直是而且始终都是被支配的性别；但是她们却也是"垂帘听政者"。这样的地位促使女性想采用其他的方式，而不是粗暴的、直接的方法，因为这些激进的方法通常只有男性会使用，而这种循循善诱的本事，通常就是为了弥补她们在现实生活中的权利缺乏，所以人们有时候会将她们比作猫。女人一奏乐，男人就舞蹈，反过来却不是这样。这并不意味着女人就不需要和男人一样多的鼓励和支持，而是说女人会更容易地表达她们自己被保护的需要，而男人的自尊心往往会阻止他们这么去做。通常来说，最强大的男人基本上会像个孩子一样，而最软弱的女人却也有着母亲一般的说服力和影响力。这就是为什么我们必须协助女人管理丈夫的原因，而不是等待着男人学会将他们的妻子当作伙伴。

任何时候婚姻中出现了冲突的迹象，这种引导伴侣达成一致目标的能力都是必需的。关系当中利益冲突是始终存在的，就像我们永远不可能期待两个人拥有完全相同的渴望、兴趣、关注，享受着同样的娱乐消遣。在有些婚姻中，共同利益是显而易见的，而在其他情况下，共同利益的交叉并不多见。毫无疑问，如果双方在结婚之前，在二人已经打下了良好的感情基础的时候让夫妻俩共同参与幸福建设是比较容易的；但是不管是什么情况，夫妻双方都需要扩大自己的利益领域，以跟伴侣之前的教育、活动和关注点相配合。只是因为伴侣不喜欢，就切断之前原有的兴趣爱好，这样做其实并不明智。积极的愿望应该比消极的愿望更为重要，**因为克服自己原有的不喜欢，能够拓宽两人一致的基础，而放弃自己原有的喜好，则会使共同利益的基础变窄，并造成怨恨。**从教育学上来讲，这样的相互调整可以带来成长，而从心理学上来讲，则会给夫妻带来成就感，同时增强他们的社会价值。伴侣都要做好心理准备，至少去尝试对方喜欢的活动。如果伴侣真诚地尝试了，结果对他/她来说太难或太陌生，那么放弃这项活动对另一方来说就变得相对容易些。

我们现在的婚姻状态要求女人采取主动，原因不止一个，一方面是因为女人们一直以来所受的教育和沿袭下来的传统，使她们比男性容易产生引导和影响的作用，还因为如今的女人一般情况下更倾向于去扩大她们的兴趣范围。如果丈夫是个艺术家、科学家或者在特殊的文化领域工作，那么通常他会激发出妻子对他所从事活动的兴趣。如果不能激发妻子的兴趣，他的婚姻很有可能会失败。但是太多的美国男性只对自己的生意和工作感兴趣。工作以外的兴趣又局限于政治，以及和其他的男性朋友一起喝酒、玩乐。而对艺术、书籍、音乐、心理学以及其他文化活动的兴趣，偏偏又很不幸地成为大部分女性的专属。很少有男人会抱怨他们的妻子想要待在家中、拒绝参加音乐会或艺术展览，却经常听到女人发出这样的抱怨和不满。

激发新兴趣

不管是谁想要参与起初被伴侣拒绝的活动，那么他首先需要赢得伴侣的心。如果只是提出要求，就会产生反对、互相怨恨和失望。一个女人抱怨丈夫只对读报纸感兴趣，却对经典好书不屑一顾。她说，有一天她给他读了一本哲学入门书，一本相当厚重深刻的书。她发现他没有在听，于是她又读了一遍。在他表现出了很多明确的不感兴趣的迹象之后，她放弃了——当然很生气——也不再给他介绍任何其他好书了。妻子某些徒劳的努力，比如向丈夫介绍艺术或书籍，其实只会让人们怀疑，是不是真的如妻子所说，她是不是真的在此毫无错处？她担心丈夫缺乏兴趣的想法是不是真的那么真诚。恰恰相反，藏在抱怨背后的想法通常还有深意，表明她对因此而展现出来的优越感极为满足。除此之外，她的努力尝试会对她丈夫的自尊心带来伤害和威胁，因为这些尝试正好表明了他之前的经历和教育带来的不足感，而这时他需要的是妻子悉心的帮助和支持，来克服这样的不足感，这样的过程其实就伤害了他的自尊。

这不是纯粹的技术问题——如何去做；实际上是态度决定了事情的成败。真正的爱和忠诚、真诚的欣赏和尊重，会让双方都满意、顺从。对伴侣产生的真挚的兴趣将会帮助妻子，即使在没有心理学方面的指导时，也能够意识到丈夫为何不情愿去走亲访友，去参加聚会。他说的疲惫并不是真正的原因：如果他真的很喜欢社交生活，那么是不会觉得疲惫的。例如，与朋友们打打牌，就可能会立即让他活力满满。但是除此之外，其他活动可能会让他觉得"无聊"。他可能会与那些客人完全没有共同语言，因为他还没学会如何去融入社交群体。他可能会认为与其他人的交往是浪费时间，因为这些不可能产生任何有形的成果。他可能是个物质主义者，认为生活中唯一有价值的东西就是物质上的成果。或者是，也许他想要胜过别人，尽管他的教育水平让他能够在工作中、在家庭中、在他觉得被别人欣赏的人群中游刃有余，但是在社交场合中与一大群人相处，他会觉得很失落，没有人会特别注意到他，而且他可能根本没办法与那些八面玲珑、足智多谋的人相比。

一个对自己的丈夫有着天然的同理心和理解的妻子，在安排社交生活时，会采用能够给丈夫带来满足感的方式。她可能会设法改变他的看法，也许还能够将之前他不知道、不熟悉的价值观念带进他的生活当中。例如，明明都是以往没有过的体验，为什么愉快的家庭氛围、一餐精心烹制的饭菜，就会比一本好书给丈夫带来更多的愉悦呢？有些人就要说了，他可能之前确实没有体验过好吃的家常菜，但是他之前肯定吃过东西。这样的反对其实站不住脚，因为这样的对比不成立；这么说来，因为他以前吃过食物，但肯定不如家常饭菜好；那么他肯定也看过书，听过甚至享受过音乐，但都没有妻子喜欢的书籍和音乐好，所以他就必须像享受妻子烹制的家常饭菜那样，也学会欣赏妻子喜爱的音乐、赞赏的书籍。

如果是这样的话，那么妻子真正渴望的是丈夫认识到她高超的烹饪技巧，这才是问题的症结，因为这可以提高她的家庭威望。如果她真的渴望丈夫"喜欢"这些好书，她可能会真诚地欢迎丈夫提出自己对这本书的真知灼见，从而用这些真知灼见来完善自己的理解；或者说，她会由衷地享受丈夫的陪伴，从而表明要是没有丈夫的参与，她自己的享受程度可能会大打折扣等。基本原则就是，她的方式应该会真正增强他的自尊，而不是削弱它。

任何新兴趣一开始都有点让人无所适从。因为它是陌生的，令人迷惑。一般来说，我们的品位也会因为重复体验、反复经历而受到影响。如果要在某人的生活当中引入新的体验，那么如果一开始因为我们欠考虑，让他感觉很不愉快，那么我们可能要花上更多一点的时间和努力，克服他对这项活动已经形成的、不断增强的、本能产生的不喜欢。如果丈夫之前并不懂古典音乐，那么，如果他的妻子想让他欣赏音乐会，就必须要慢慢来。她必须小心翼翼地选择曲目，然后还要考虑到其他的激励。这一点并不难，只要他享受了妻子的陪伴，并且享受满足妻子愿望的感觉就行了。但是有很多女人因傲慢的态度，大大降低了她们的成功概率——因为她们会认为丈夫的商业世界没有艺术享受重要。如果丈夫不想欣赏"更高的文化价值"形式，她们对此会很不悦；她们没有理解男人必须要克服的困难，而是反过来抱怨他的忧虑和犹豫不决。于是，本来应该成为两个人共同享受的东西，却变成了双方争战的焦点——对一方来说这是非常不快的负担，而在另一方看来，则是自己的"权利"被伴侣否认了。

尽管一般情况下是妻子尝试和丈夫分享兴趣，但也有一些情况是丈夫对文化产生了更高的兴趣。不管情况怎样，丈夫会希望向他的妻子分享他的兴趣，即使这对她来说是全新的体验。通常不需要费很大的力气，女人就会沉浸到男人感兴趣的东西和活动中来，但这条规则反过来却不适用。如果一个女人喜爱男人，那么跟随他的引导，喜欢上那些被认为具有男子汉气概的东西，比如体育、田径等，对她的名誉是没有什么影响的。只有在他喜欢的那些兴趣让男人远离自己，而且男人还不愿意分享他的喜悦（例如集邮、手工艺、木工活以及技术上的"修补"类）的时候，妻子很有可能会抱怨这些爱好和活动。

　　如果两个人互不干涉，或者说双方都对彼此显示出了宽容和理解，那么即使有一方不能分享，或者是不想和伴侣分享，双方也都可以享受各自的乐趣。所以说，即使存在"矛盾"的兴趣，这也绝不是失望的原因，失望的源头在于夫妻的合作关系被破坏了，夫妻对彼此的兴趣消减的结果。的确，通常来看，如果夫妻俩在同一个领域兴趣浓厚，甚至于在一块合作共事，会有更多的机会发生摩擦和紧张，尤其是两人之间产生竞争关系时。那些结婚很多年之后依然幸福的夫妻，正是在他们一起生活之后培养出了完全相同的兴趣爱好。共同的体验、生活中的起起伏伏、那些愉快和不愉快的感受、满足和担忧，都成了两人之间牢固的联结，最终，在垂暮之年，让他们不仅行为相像，甚至相貌都很相像了。这种融合不仅仅是习惯成自然后的成果。它背后的原因更广、更深，这是因为他们养成了从对方的角度看待问题并达成一致的习惯，表现在生活的方方面面，不仅大的事情如此，琐碎小事上也不例外。相同兴趣爱好的形成是自然而然的，然而这也表明了我们真正的努力和付出，消除了可能产生的敌意，也让夫妻二人的闲暇时间成了共同享受的时光。

　　D太太的案例应该就是相互冲突的兴趣爱好对他们的婚姻和谐产生不利

影响的典型情况了。

D太太年纪轻轻，但是爱好十分广泛。她跟她最好的闺蜜的哥哥结婚了。由于她和闺蜜在兴趣爱好上非常意气相投，因此她觉得闺蜜的哥哥应该也差不多吧。在短暂的恋爱期间，他的确非常体贴，积极地参加她的活动。就在他即将服兵役，执行海外任务之前，他们结婚了。当他回来之后，他们才真正熟悉了彼此——然后失望就开始了。她发现，他对古典音乐没有一点兴趣，只对轻歌剧感兴趣，并且他的政治信仰和她及她的家人相反。她觉得自己受到了欺骗和伤害；她越是争论，越是批评他不愿意欣赏音乐会，他就越坚守己见。两人之间的争论和摩擦很快就影响到了他们的性关系。她失去了兴趣——而他却要求更多，她觉得受到了虐待，并变得冷淡。在她来寻求帮助时，已经郑重地考虑离婚了。

听完了她所有的抱怨之后，我建议与他们夫妻俩同时见面。在接下来的三方会谈中，很明显，他是深爱着她的，而且他自己其实很幸福，并不理解为什么妻子不幸福。他表示，自己很愿意去做需要做的事情。但是她坚持认为，此前他答应过要合作，却在之后没能做到。他承认，他并不了解，自己为什么无法克制自己的对抗情绪，而且为什么即使他想顺从她的愿望，但却始终做不到。

很明显，她产生这样的抱怨是完全正确的；从逻辑上来看，他也确实做错了。但是从心理上来看，D太太才是他们之间产生冲突的根源。她的抱怨、她的压力和反对都是产生摩擦的真正根源，并威胁到了婚姻存续。正因为她是关键人物，而丈夫又愿意配合，那么他们之间婚姻的命运就完全取决于D太太的态度。于是我暗示，她才是需要帮助的那个人。

仅仅在几次咨询之后，情况就完全改变了。因为她意识到了自己在耍把戏，她不再激怒和怨恨丈夫。第一个效果就是，他们之间的关系立即改善了。他们又变得像从前一样友好、相互喜欢了。因为她再次在性关系中做出了回应，所以他也就不再过多要求了。从那以后，她学会了如何采用不同的方法向丈夫提出建议。她意识到，当他们去听音乐会时，她可以看到，丈夫耐着性子看完沉重的节目，这其实对他来说并不容易。她现在比之前更理解他了，而不是与他争论，并且让他确信自己根本就不懂得音乐的美。在政治问题上，她也可以邀请他表达自己的观点，欣赏彼此在相反立场上的丰富经验，而不是认为他的观点有错而指责他。她认识到，虽然她谴责他不够民主，但自己这种对他的政治观念不够宽容的态度恰好也不够民主。正是妻子展现出了这种欣赏的态度，所以可以预见，丈夫自己的观念和品位可能会渐渐改变，从而跟她越来越相似，因为她最初强烈的、羞辱性的反对，才是他为了自尊和自负而一直敌对的主推力。

修复这段婚姻最决定性的因素在于，D太太认识到了逻辑上正确其实还不足以解决问题，她首先得接纳他的全部——她得从自己做起，只考虑自己可以做什么，而不对对方做出任何要求。

娱乐和参与社会活动

今天我们比以往更加认识到了娱乐对于平衡生活的重要作用。能够建设性地利用闲暇时间，和找到适合的工作一样已经成为我们的重要责任。除非我们能够安排好我们的娱乐生活，否则根本就不能在工作中表现出色，也无法履行对家人和朋友的责任。**夫妻之间不仅要学会怎样工作，也要学会怎样一起享受生活，这是所有夫妻的共同责任。**

但是，当痛苦围绕着我们，摩擦和怨恨在心里蔓延，我们还能享受今天的生活吗？其实享受生活的方式多得很——各种各样的享受。乐趣可以是大声宣布的，也可以是安静享受的，可以热情如火，也可以宁静如水，不论什么方式，都代表着由衷地接纳。不和生活作对的人，他的情绪基调不是怨恨，而是情不自禁地去享受生活。他们可以在性爱或情趣游戏中彼此享受，也可以享受在一起的时光，而不管对方在做些什么。他们享受一起去旅行，享受发展新的乐趣。但他们永远不会忘记，婚姻不能取代每个人所属的更大的人际圈子——朋友、社群、国家和人类。

无论两个人在一起的时候有多开心，如果是因为他们都蔑视世界上其他的圈子，他们一定会为此付出代价。一段婚姻，如果是建立在想要逃避其他人的基础上的，那么可能会给伴侣之间带来很大的满足感，但是当对方离世的时候，另一个人将不得不独自存活，他会找不到重回社会的方法。如果他们有孩子，他们可能之前一直保护着他不受外在世界的侵扰；但这注定会让孩子们痛苦，即使夫妻俩成功地使孩子遗世独立，等到了他们离世时，他们还是把孩子一个人单独地留在了世上。两个人之间亲密的纽带一定要嵌入更大的单位中，朋友和社会群体，给他们提供更大的归属感。与朋友的社交、参加社会活动，能够让夫妻和其他人产生联结，从而弥补了家庭生活的单调色彩，就像工作和娱乐总能相得益彰，忽视任何一个都可能是有害的。

在宗教、艺术、科学领域的社会交往和兴趣，就像在政治上的兴趣一样，都不是丈夫和妻子的野心；当夫妻想要从属于比婚姻更大的社会单元时，也代表着他们拥有更加坚实的基础。而夫妻双方如果想要远离社会上的其他人，才表明了他们内心的敌意和社会兴趣的缺乏。通过上面这些活动，我们可以和他人产生或实际或精神上的交流。我们分享别人的想法和工作。实际上，这时我们才会成为人类的一部分，婚姻才会在进化这条涉及所有人类的链条上变得完整。婚姻越是卷入这个进化链条当中，它就越能成为生活这个整体的一部分，婚姻就越稳固、婚姻中的两个人就觉得越安全。婚姻当中，只要两个人朝夕相对，那么困境、失望、冲突和敌意是不可避免的，好在夫妻两人的共同密友，会在他们遇到困境的时候提供无价的帮助；普通朋友则不仅会丰富婚姻生活的氛围，还能够对这些困境产生巨大的缓冲作用。

失望的真正原因

在具体的问题和显而易见的冲突背后，其实是我们的态度和理念出了问题。很多时候，我们会在当前的情境中期望遇到过去相同的反应，于是失望便油然而生。不幸的是，夫妻双方经常误解对方。我们很少能意识到自己在期望什么，我们还经常性地对自己拥有的东西做出错误的判断。我们的经验实际上符合的是自己对它的期待，只是我们常常不理解内心的期望以及自己在引发当前的失望中的所作所为。**有时候，我们混淆了愿望思维和实际期望，当事情的发生偏离了我们的欲望时，我们不会觉得是自己的规划出了问题，而会认为是外部的某些因素导致的。我们都渴望平和、幸福，但是我们真的这般渴望吗？几乎不是**——所以我们才很少付出行动和努力去实现它。

我们常常表现出来的行为是：事情绝对会出错，而且幸福就是无法企及的。我们甚至不期望自己的表现恰当而得体，因为我们根本不相信自己有能力应对困境。我们还不承认自己在当前的问题和困境中所犯下的错误。我们感觉自己被他人激怒了，却根本没有意识到自己在很大程度上激怒了别人。

但是，只要我们依然心怀信心和希望，我们是可以承受失望和不满的。但是，总有些时候，我们会产生"再也忍受不了"的想法，就好像自己的心完全碎了，觉得可能再也没办法弥补了。但实际上，没有什么东西是修补不了的。不过，这种内心完全崩溃的感觉，有时候甚至连身体也辅以相应的症状，这其实暗含了我们想要退缩、拒绝继续合作的决心。事件本身绝不是原因，它只是压死骆驼的最后一根稻草而已，在本就千疮百孔的感情里，紧张始终如影随形。对于那些还没有失去勇气的个体来说，问题的存在本身就是为了解决，他们不会体验到这种放弃的感觉。他也绝不会让自己离伴侣越来越远的事情发生。

我们的行为和态度不仅影响到了自身的生存条件，而且还影响到了身边人的行为。在良性的婚姻中，伴侣双方会因为在同一个屋檐下生活而成了更好的人。而在那些失望的婚姻中，每个人都让对方最坏的品质暴露出来。结果，本来可以让双方合作的性格和动力恶化了。敌意、压制和指责产生了破坏性的影响力，使双方都逃避责任，两个人都觉得安全感匮乏，这种匮乏感又激发出了对方更多的恼火、惩罚和报复。两个人都变成了另一方预想的负面样子，这当然不是什么好事。不过有一点双方都赞同，那就是对方错了。

找到解决方案

我们必须强调：这些描述并不是理论上的，它们是非常有实际意义的。我们可以通过改变自己，从而改变整个生活，还能够改变身边人的态度。改变并不简单。只有当人们意识到只能从自己做起的时候，改善才可能开始发生。太多的人总是试着去调教和改变自己的伴侣。甚至还有那么多人，他们之所以进入婚姻，就是为了改变一个人！当然，朝夕相处，我们确实会影响和改变对方——但并不是通过坚持要伴侣改变才发生的。而是因为我们的行为才影响到了一起生活的人。

在婚姻关系中发生的所有事情其实都是在夫妻双方的互动中实现的。我们并不是要提出要求："除非他愿意改，我会很高兴地配合的。"我们应该认识到这样的事实，那就是"只有我改变了自己的行为，他才不会继续他的行为"。即使是一个微小的态度上的调整，也会立即反映在伴侣的行为当中。我们没有意识到的是，其实人类拥有强大的敏感度和协调合作的力量。不幸的是，在如何战斗和如何伤害对方上，我们知道得更多，所以人类在争吵和抗争时才会咄咄逼人、步步为营。在激发负面的反应上通常需要付出更多的时间和精力，尤其是当夫妻之间的战斗已经打响时。在婚姻关系中，一定程度的争吵或竞争，一定数量上的敌意和不信任，其实从一开始就是存在的；只是我们需要付出更多的努力去营造一个真诚的信任和善意的合作氛围。

并不是说大部分人本性很坏或很邪恶。几乎所有人的身上都同时存在着好与坏的一面。夫妻之间其实是有着激发对方善与恶的一面的能力的。

但是，关于彼此，他们都知道些什么呢？他们同住一个屋檐下，吃着相同的食物、晚上还睡在同一张床上，他们的整个生活都因为这些共同活动而紧密地联系在了一起——但是，他们对伴侣其实知之甚少啊！伴侣知道对方的习惯（大部分情况下是坏习惯）、古怪和癖好，也知道他们的易怒点。所有这些东西与深层次的人格、与我们的期望和恐惧、与我们对生活以及对自我的概念有什么关系呢？所有这些与我们采取的特定的行为又有什么关系呢？丈夫和妻子都能看到表面的症状，却根本不了解它们深层次的动力。而且在伴侣失望的时候，他们根本就不愿意通过满足各自需要的方式来消除这些症状。

奇怪的是，两个人在分开之后，往往会比之前更了解彼此。摩擦、相互之间的恐惧、对名誉的抗争，会阻碍我们理解彼此。他们其实是通过互相指责为自己的适应不良找借口。他们往往会忽视或者残酷打压配偶的基本需求，为达到自己的目的而进行斗争，并且让战线越拉越长。通常来说，人们关于伴侣的说法是对的，尽管这些说辞尽显矛盾之处，不过谁对谁错其实并不重要。如果从个人的立场出发，每个人都是对的，对方就是错的。关键是，如果我们真的爱一个人，那么我们不会去在乎他是否正确。这就是为什么我们常常说"爱是盲目的"。实际上，爱情不一定是盲目的。爱人们常常说："我爱你，尽管你并不完美。我爱你并且接受你本来的样子。"可接下来，当自尊受到威胁的时候，我们根本就不像所说的那样去对待对方。在为了自己的优越感战斗的时候，我们会挑出伴侣的缺点，然后将它们当作自己不再合作的理由。**为了幸福，谁对谁错这个问题真的不重要。真正重要的是，要去接纳对方的缺点和优点。**

当不和谐和失望威胁到了婚姻的存续时，我们必须开始改善——或者说，从不和谐和失望还不那么让人痛苦时就开始改变。让情形改善的第一步，意味着接受现状，即使现状并不那么让人愉快，就让它这样吧；希望现状变得不同是没用的。诚实地、勇敢地面对问题，是让我们找到脱离苦海的方式的基本前提。这一步并不轻松，因为我们缺乏勇气。但是逃避绝对无益于问题的解决；没有什么问题是通过逃避的方式解决的。当我们决定去面对问题的时候，当我们鼓起勇气，并且努力按照"我可以做些什么来改善现状"的想法思考时——此时才是回到了正轨。如果能够坚决放弃"要通过对抗和强迫对方的方式获得成功"的想法，克服自身产生的不足感，承认另一半此刻正在遭受痛苦，一切就将柳暗花明！这个过程也许很慢很慢，也许一开始并没有效果，但是随着我们的勇气倍增，洞察力上升，我们越来越自信，自己就不会那么脆弱了，改善局面的效率也会提高。

下面的例子可能是成千上万对夫妻都可能经历的场景，而且在婚姻的每一个历史阶段，都可能会经历这样的冲突。如果夫妻双方能够理解其背后的动机和每个人的目标，能够从抱怨和指责对方的怪圈中走出来，去寻找改变局面的机会，其实这些插曲和冲突是可以避免的，也可以被很轻易地解决。

M太太找到我寻求建议，有件事对她来说看起来非常琐碎，却正在威胁着她的整个婚姻。他们大约结婚一年，她一直和先生相处得很好。在性生活和社交上，他们一起享受乐趣，而且是对方忠诚的伴侣——除了一个小小的分歧，最近这个小小的分歧越来越严重，甚至导致他们之间的和谐消失了，影响到了婚姻生活的方方面面。

她告诉我说，尽管她已经做了很多的努力，但是她就是做不到让M先生每个星期及时给她用于伙食和家庭的生活费。每个星期她都会找他要，要好几次；而且如果她不找他要的话，他就会"忘记"给她钱，直到这个星期过完了都想不起来。她和他谈过了，请求过他，威胁过他——却无济于事。他们吵得越多，他越觉得没这个义务。她还能做些什么呢？现在，他开始指责她太会花钱了；觉得她上个星期应该还能结余一部分才是。"一个星期才15美元，还能存点下来？！——我已经竭尽全力每周都在量入为出了，因为他根本不给我多一点钱。"M太太不理解，为什么他对她其他方面的花费都很慷慨，却在生活费上这么吝啬。

想要避免斗争、争吵，避免容易出现的因羞辱感而产生的妥协，她还可以做些什么呢？我们很容易理解她的困境，这点钱根本没办法让她存住任何钱，甚至有时候连伙食费都不够。她不得不借钱举债，这两种做法她都讨厌。除了责备、恳求和威胁，她还可以做些什么呢？

这里有很关键的一点。虽然大多数家庭主妇可能会采取与M太太一样的行为，但她们都忽视了这个关键点。只要对那个想要扮演"老板"的男人多一点点了解，就能够省去许多失眠、转弯抹角的时间。很显然，M先生"不合理"的行为，好像只有从逻辑上看才是不合理的。他当然没有"权利"，也没有任何合乎逻辑的理由这么做。然而，如果从心理学角度上看，情况就会完全不同。他深爱妻子，对她如此忠诚，甚至她可以随意地支使他。而她也正是这么做的，只是在要生活费这个情况例外，这是他可以表现男性优越性的唯一一件事，体现了他的供养者的角色，他无意识地想要充分地利用这一点。他想要让他妻子提出来、求他。如果他在每个周一就给她钱，M太太就能不花费力气就得到了生活费，那么M先生的这个展现权威的机会也失去了。那么他接受的就是一项责任，而不是一项权利。他不能跟M太太这么解释，因为他自己也没有意识到这个心理动机。于是，当她责备他的时候，他不得不采用合理化、脆弱的报复和没有事实依据的指责来回应妻子，而这一切让M太太更加愤怒。然后他们陷入了争斗的僵局中，这只能让他们的婚姻破裂。

一旦M太太意识到这个情况，在克服了她受伤的自尊和抱怨后，她发现，其实她可以做些什么来解决这个问题。一开始，她不再抱怨丈夫了，因为她知道这不是他的责任。她也希望丈夫能够开心，而且如果这件事能够让他开心的话，为什么不让他得到呢？一旦她的虚荣心抛开之后，情况立刻变得容易得多。当然，他们之间还是有一些困境。她当然还是得一次一次地找他要钱，而且他还不愿意立即就给她。特别是在需要付账单的时候，这个过程需要M太太付出艰苦的代价。该怎么做呢？M太太十分聪明，她发现了一个简单的解决之道。因为她发现，其实她问他要100美元，和她问他要几次，每次只要15美元其实是一样容易的。其实，他是非常慷慨的人。于是她就在几次之后，直接问他要100美元，当遇到丈夫不按时提供生活费的时候，这笔钱可以用来解燃眉之急，根本不需要责备、辱骂和拐弯抹角。

从这次经历中，她学到的东西其实比成功地解决了生活费的问题要深刻得多。她认识到，婚姻真正的危险就藏在他们之间的相互竞争当中，也就是说，他害怕自己被当成是一个"傻瓜"，也害怕因为爱她和忠诚于她，而使自己成为妻子的奴隶，而这存在于妻子在其他时候索要的超过了必要额度的开支，她的女王地位、她的雄心勃勃和娇生惯养。当聚焦于他们的冲突之时，M太太学会并理解了威胁他们整个婚姻关系更深层次的冲突原因，并且找到了解决问题的办法。

婚姻咨询服务

因为了解自己和伴侣的深层次需要其实并不容易,所以我们需要婚姻咨询,以便帮助和训练夫妻两人在调整的过程中相互协助。精神科医生的服务也面向"正常人",解决他们的日常问题。精神病治疗法已经不再是一门只诊断和治疗精神错乱和异常的科学,通过对那些轻微的适应不良的人群进行分析,我们可以对人的本性进行更深入的了解。今天,我们已经具备了认识人类个性和人类行为的相应技巧,这个理解对普通人(是指普罗大众)的日常问题也非常重要。任何时候,只要我们需要更加深入地理解人类的问题,精神病学的方法就很有用,有时候甚至是至关重要的。如果丈夫或妻子真诚地渴望克服威胁婚姻的困境,努力改正和改善现存的问题,两人可以在婚姻心理咨询服务中寻求精神病的治疗。精神病学角度的培训,则使那些非医学工作人员也能够提供此类服务。牧师、律师、社会工作者、教育工作者——这些人如果需要与处于困境中的人交往,那么他们也要接受相关的理解人类行为和个性方面的培训。

然而,不管是哪种情况,如果一个人的不安、失望和失败,已经导致了其整个个性更深层次的问题,而且已经出现了各种情绪和神经障碍的症状,咨询精神病医生很有必要。建设一些可以进行婚姻咨询的诊所相对来说是个比较新颖的想法,因为这时精神科医生、社会工作者、心理学家和社会学家可以合作,为个人和夫妻们提供帮助[1],提供一些普遍的信息,并

---

[1] 保罗·波普诺(Paul Popenoe)博士是这一领域的先锋人士,他于1930年在洛杉矶建立了一个家庭关系学会,提供一些个人服务、公共教育和研究。

给出适当的建议，这个新方法与公共福利和家庭服务的精神及社会卫生健康的目标是一致的。当然，也可能会招致某些领域的反对，但这也是人们越来越重视婚姻问题的个体性和社会性，越来越理解为公众提供重要协助的意义的结果。我们可以预期，这个新想法，尽管有一些冒险性质的尝试，也将逐渐成为我们社会制度的一部分。

婚姻问题之离婚

任何可行的建议，以及所有的知识和指导，都不能完全防止婚姻出现困境，有些困境充满了紧张和敌意，似乎已经完全不可能维持一个令人满意的婚姻关系了。不管我们是不是把离婚当成一个解决之道，不可否认的是，婚姻关系不仅威胁着成年人和儿童的幸福，而且还威胁着他们的精神，甚至有时会影响他们的身体健康，此时分开似乎是唯一让彼此活下去的方案。另一方面，我们也不能否认，有些时候，夫妻双方是可以通过真诚的态度或者通过寻求适当的协助，利用相互调整来解决问题，但他们往往只选择通过离婚来解决。什么时候以及在什么情况下离婚是合理的？这并没有放之四海而皆准的标准答案。但是我们可以看出，通常勇敢是更好的解决之道。

有些人苦思冥想要离婚，因为他们其实是懦夫，他们只想逃避妥协、奉献和接纳的任务。有些人会想着避免离婚，继续待在痛苦的、毁灭性的婚姻生活中，因为他们根本没有单独生活的勇气，也害怕承担照顾自己和孩子的责任。在恐惧的基础上决定和进行的事情是十分危险的，只会增加人们的痛苦和苦恼。

因此，离婚与否取决于每一对夫妻的具体情况，但解决方案都需要勇气和自信。这个基础和角度，可以帮助我们对解决问题的过程有充分的认识。但是这只是一个方面而已——仅凭这一个方面并不能决定问题的答案。必须考虑到牵涉其中所有人的利益，首先就必须考虑孩子的利益，如果有孩子的话。一个充满着摩擦、羞辱、虐待和残忍的家庭，其实比一个相对来说更加平静的单亲家庭要更糟糕。毫无疑问的是，父母双方对孩子的养育都有相当明确的贡献，但是和谐、爱和善意的精神比其他任何东西在孩子的养育过程中都更加重要。一个有责任心的人，在离婚之前肯定会非常慎重地考虑。在做出任何决定性的行动之前，寻求专家的意见似乎总是明智之举，因为在牵扯到个人的利益和情绪的状况下，夫妻之间其实很难做出适当的评估。

不容忽视的是，其实离婚本身就是一段婚姻面临的问题，所以，它也只能通过夫妻双方的合作才能解决。在所有婚姻关系中，离婚是夫妻能做出的最后的合作努力了，但是对很多夫妻来说，离婚也是他们的第一次合作。如果夫妻之间无法认识到，离婚是夫妻双方的共同任务，需要由双方合作才能解决，那么，离婚程序又可能极易变成持续冲突、困难和痛苦的来源。在这些情形下，有时候即使婚姻关系已经解体，婚姻的冲突却依然持续很长时间，特别是夫妻之间有孩子的话。

尽管法官可以正式裁定是否离婚，但是法官其实无法知晓所有的离婚因素。禁止或者允许离婚不应该只能诉诸法律。任何条例，如果没有将导致摩擦和失望的社会及心理因素考虑在内的话，在某些案例中将会造成不公。如果没有对夫妻之间的现状形成直接深刻的见解，没有提供充分的机会去分析深层次的心理问题以及相关的人员，那么没有人能够确定离婚的这个决定是否明智。

其实，如果我们能够建立起必不可少的婚姻咨询制度，以使婚姻中的每个人都有机会得到审视和帮助，那么其实是可以避免仅仅通过法律准许或否定离婚这样的悲惨结果的。卷入其中的每个人都有权做出自己这一方是否愿意维系婚姻义务的决定；伴侣在婚姻中的良好意愿对于任何形式的合作，都是不可或缺的。

在过去的时代，在那个人人都比现在更加觉得自己需要遵守个人规则，保持自律的时代，通过禁止离婚，让夫妻之间的婚姻关系维持现状是完全可能的，不管他们实际情况如何。因为他们根本没有机会分开，所以会倾向于更加充分地利用眼前的婚姻生活，或者更容易接纳自己一手打造的局面。当今时代，每个个体被赋予了自由表达权利和想法的能力。所以，任何来自外部的强制决策势必会增加紧张和反对。今天，我们已经没有机会通过立法禁止离婚的形式来阻止离婚了。由此而产生的怨恨可能会加剧对配偶的敌意，从而使当前的婚姻状况更加恶化，同时也对整个婚姻制度更加不利。那些支持通过制定严格的法律来禁止离婚的人，恐怕对这个结果很难满意。

要想得出本章的结论，那么我们就需要讨论在离婚后可能会出现的问题。一旦获得了"自由"，那么离婚会让一个人的状态恢复成单身、未婚时候的样子吗？不！更有可能发生的是，他的自尊感已经被极大地破坏了。在我们的生存竞争模式中，其实个人价值感是建立在如何定义"成功"这个概念上的。被认为失败的东西，会直接影响我们的整体价值观。名誉似乎比任何其他的品质或能力都更加重要。离婚通常会被认为是个人的失败，女性则尤其认可这种错误的评价。她们更容易将自己的不安全感归因为自己已经离婚的后果。但是，这样的一种感觉其实只是对自我的一种怀疑罢了，它反映了女性更加渴望受到保护，反映的是对公众鄙视和否认的恐惧。

结果，离婚被认为是一种耻辱。因为对自己的未来几乎不抱什么希望，并且确信自己已经处在一个毫无希望的困境里，结果许多女人要么完全不努力去建立新的、更好的婚姻，要么去寻找肤浅的、便宜的补偿。

如果能够对前一段婚姻经历进行正确的评价，那么人们会比较容易进入下一段婚姻。**以前的经历，可以是我们恐惧的来源，也可以是让我们成为更成熟、更加善解人意的自我的基础。这完全取决于我们从之前的错误中得出了哪些结论。**对待恋爱和性的态度反映了我们对生活的总体看法；与异性的关系也展现了自身对所有其他人类的总体态度。如果女性能够积极投身到人生的奋斗当中，并在进程和演化过程中扮演积极主动的角色，那么即使离婚了，她依然能够找到自己在世界上的位置。男性很少会将离婚看成是自己的失败和不幸，他们通常会充分利用新的自由身份。比起妻子或孩子，男性通常能够看到从摩擦和以前的失望中继续通行的"绿灯"，所以会充分地利用新的机遇。

女性的社会地位

世俗对女性有许多错误的看法，"离婚是女人的失败"仅仅只是其中的一种。以往的社会对女性的态度非常苛刻，将她们牢牢地拴在家庭当中，使得她们在家庭以外没有任何作用和地位，她只能有一种兴趣：丈夫和孩子。所以对女人来说，离婚＝人生失败。现如今，虽然这样的态度还是在社会生活中兴风作浪，但是我们知道它是不公平的，而且是有害的。今天的社会已经不是由族长严格统治的社会了，如果女性仍然完全依赖家庭和丈夫，那么她们精神和情绪的健康，以及她们作为人类的一份子所能发挥的功能将会受到损害。她们不仅没有能力为如今越来越频繁的离婚做好准备；而且她们对这种可能的失败的恐惧也让自己紧张兮兮、忧虑不安，这往往会削弱她们预防婚姻解体的能力。正是因为没办法在家庭之外发挥应有的功能，这就导致了一个更为常见、更具灾难性的后果。

越来越多的女性在更年期前后没办法控制自己的情感，许多医生倾向于把她们在这个时期内产生的精神和情绪问题归结为内分泌系统的变化，似乎是在说，只是因为她们腺体功能这一生理上的变化，才导致了她们的"生活变化"。对更年期抑郁症患者的仔细观察和研究，从轻微的抑郁到全面的思觉失调，都揭示出：与其说是身体原有的生理平衡被打破，不如说是患者生活状况发生了改变。这些干扰大多数见于那些曾经是一个好妻子、好妈妈的女性身上，因为她们突然发现在这个社会上没有任何用武之地。她们的崩溃通常就发生在孩子们已经长大、离开家庭之后。由于当代的父母不愿意让祖父母干预他们对孩子的养育，而且会尽量让孩子们不受到祖母们过度溺爱的影响，所以奶奶或者外婆的角色并不能给她们带来任何满足感。而丈夫呢，通常在他的事业或者在社会活动中已经找到了自己的一席之地，不会再像他们刚刚结婚的时候那样，对妻子投入关心和感情。妻子们在过去已经将大部分的时间和兴趣都用来照顾孩子们，现在孩子们已经离开家，她突然有了大把大把的时间，却不知道该如何打发。当然她在家里还是有许多事情可以做的，但是这些家务已经不再像以前那么有意义和有价值了。如果只是为了照顾自己和丈夫，她没有必要把自己的才干和精力全耗费在家里，因此她开始考虑重新找一份工作。但是过了一段时间她会发现，这是个志愿者类型的工作，因为她没有受过培训，也没有担任更加重要的职位的相关技能。她只能接受一个没有实权、没有责任的次要职位，而这与她在家里已经担任了很多年的女王的地位，形成了讽刺的对比。

正是这样的困境，让这些对未来不抱有任何希望的女性崩溃；而且讽刺的是，她们往往是最棒、最能干的人。那些不得不去做的家务和照顾家人的角色，让很多女性，甚至是很多有着大学文凭的女性，浪费了她们在社会中发挥作用的能力和才华。对父母、丈夫和妻子的继续教育很有必要，可以让我们这一代的女性和我们的后辈，准备好在家庭以外发挥自己的作用。如果女性没有办法在家庭以外从事意义重大的职位，那么女性的很多最优秀的品质都将被浪费掉。社会失去了她们宝贵的贡献，她们自己也没办法做好准备迎接将来在生活中失去地位的事实，这些事实包括：离婚、孩子长大或者丈夫死亡。丈夫死亡有着特别的意义，因为现在女性的寿命与她们的丈夫相比越来越长了。首先，男性的预期平均寿命比女性的预期寿命更短；其次，女性通常会与比她们年纪大的男性结婚。随着医学的发展，人们认识到了老年人独特的身体和情绪需求，一个被称为"老年病学"的医学专业已经建立起来。医学研究越来越能够证明，女人们只要还活着就需要发挥自己的作用，这一点已经越来越明显，而这最终必然牵扯到女性在家庭之外的作用。

总体来说，女性重新回归职场也许会导致与丈夫、与社会产生更多的冲突和矛盾，但是对所有事物进行再调整是有必要的，这样才能更好地解决当前所面临的婚姻问题，并应对不断变化中的社会出现的问题。

本章要点回顾（最触动你的文字有）：

第八章
生儿育女

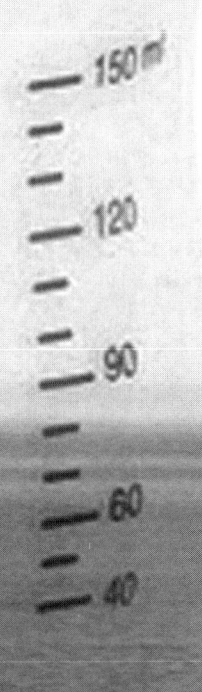

没有孩子的婚姻是否就不圆满？其实，该问题的答案，在很大程度上取决于夫妻所处的社会环境。直到最近，还有人说没有孩子的婚姻毫无意义，而这种论调在某些国家和文化中依然存在——没有孩子的婚姻就失去了其存在的意义，通常就会瓦解。然而如今人类的发展已经超越了"生理学"的观点，孩子的死亡率已经下降，人类的寿命也有所延长，生育对于人类、民族和种族的繁衍，已经不再像以前那么重要了。总体上，与物质生活相比，社会的政治文化，在更大程度上更能左右生儿育女的愿望。

经济状况和孩子数量之间的关系颇为复杂。与那些无法负担多子女的家庭相比，那些有能力抚养更多子女的家庭，往往养育的孩子更少。有些夫妻会按照自己养育子女的能力来制定自己的生育方案。想要孩子本应顺其自然，但是我们周围的社会力量也会左右我们的想法，所以我们要么生儿育女，毫无节制，要么过度控制自己的生育，甚至是丁克。

计划生育

人类战胜外界的能力和自身实力日益增长，因此，当下人们制定决策时慎之又慎。我们必须认识到相反的社会和文化的趋势会影响到个人，从而使婚姻问题更加复杂。一方面，宗教和政治力量迫使我们应该尽量多生孩子。在政治上，某些国家鼓励生育的社会背景显而易见。为了争取更多具有民族或种族优势的社会群体，他们需要大量的子孙后代，获得更多的权利，此外，还需要大量士兵为国家作战。而在宗教上，这一意义相对就不那么容易理解了。从宗教上说，生儿育女是神的旨意，一切生命都是由神赋予或剥夺，人类无权决定生命的去留。在当今社会，还有第三方因素带来生育率的大幅提升，这些人对生育没有三思而后行，放纵了自己的生育行为，因此这个因素与前两者完全不同。

除以上因素外，我们还面临着各种各样的需求和权利，我们的生育有所限制。某些夫妻具有责任心，认为自己无法提供抚养子女所需要的一切——经济保障、舒适的环境、和谐的婚姻以及对未来的美好期许，因此不想要小孩。当下社会充满压力，在此情况下选择生育的人，会被质疑。而这种质疑可能是来源于真正的责任感，而且可能也是受到了马尔萨斯[①]思想中人生观的影响，也有可能它只是体现了个人的怯懦和恐惧。真正的勇士可能看到更多的机遇，选择生儿育女，而胆怯的懦夫连自己的生存都战战兢兢，更别说养育孩子了。在躲避生儿育女责任的背后，其实隐藏的可能是一个自私的灵魂。选择不生孩子的妇女可能更想保持"少女感"，而不愿意成为真正的女人；男人则可能只想着积累更多钱财，根本不愿意把钱投资在子孙后代身上。同时，要想照顾好小孩，就得付出更多的时间和牺牲自己的行动自由。

不管要不要小孩，以上种种原因让我们很难决定要不要小孩，也很难判断这对婚姻的最终命运有多大的影响。婚姻的成败其实在很大程度上由道德因素决定。一对夫妻如果因为宗教信仰深厚，或者民族或种族自豪感强烈，才生了多个子女，那么他们婚姻中的问题可能会与那些因为一些意外或醉酒才生了好几个孩子的夫妻有所不同。另一方面，因自私和恐惧才

[①] 托马斯·罗伯特·马尔萨斯（Thomas Robert Malthus）：《人口原理》（*An Essay on the Principle of Population*），J. Murray，伦敦，1817年。

不要孩子的夫妻，与那些因为真爱才不要孩子的夫妻，遇到的问题也不太一样。无论是真心为子女着想而不想要孩子的夫妻，还是为了自己才不要孩子的夫妻，都会对婚姻造成一些实际的影响。

随着人类逐渐学会控制生育，子女后代的数量急剧下降。此外，随着女性的解放，婚姻的整体意义也随之改变。婚姻的"伴侣"含义在很大程度上逐渐取代了妇女的"妈妈"地位。即使没有"自然的生理结晶"，爱情也更有意义了，性欲也不再只是绞尽脑汁促进生育。因此，人类的性欲，已经是一种独立的天然冲动，其作用已经从肉体冲动、促进生殖繁衍，变成了为实现人的自我满足而进行的人类行为的一部分。爱使两个人因为共同的努力而结合在一起，而生儿育女只是婚姻的其中一个功能。夫妻二人对于彼此的意义已经从为人父母中独立了出来。

儿童的功能

和过去一样，为人父母为我们的个体生活中增添了一个新要素，显著地改变了我们的职能。我们一旦为人父母，就会超越个体的局限，把自己扩大到一个"我"中，"我"中依然有自己，却又不仅仅只是自己。生儿育女创造了一种夫妻合一的感觉，这是我们生命中任何相互归属的体验都无法比拟的。把一个孩子带到这个世上，如果是我们精心准备、自愿完成的事情，那么夫妻将体会到一种最完整的"社会感"——一种我们属于人类这个大集体的感觉。这显然表明，我们愿意完全接受自己的义务，把自己最好的部分奉献给人类，以及发挥生而为人的最大努力。对自己的责任敏感，并且已经准备为其他人负责的人，极少逃避生儿育女的义务。对生命的一种深层眷恋以及对未来的强烈兴趣，自然而然地会激发出人们生儿育女的渴望。因为通过孩子，我们可以把自己以外的一切都奉献给人类——我们的下一代。

人类想要战胜死亡、变得永生是理所当然的事情，这是人类的天性，而宗教中的复活和转世就体现了这一点。类似地，我们通过劳动和奉献，为世间带来了发明和创造，我们希望在精神上能够永存——人类渴望不朽。而因为有了后代，我们才真正实现了不朽、获得永生。几乎没有人认识到在工作创造和子嗣绵延中间的全部渴望的所有意义。我们通过工作、养育孩子，突破了个人的限制。我们愈不受肉体的束缚，就愈不重视肉体与血脉的永恒。这个时候，我们工作、养育后代（包括收养子女）就发挥了这个作用：通过孩子，我们作为人类在个体和精神上得以永生。

我们还应该搞清楚养育子女的另一个目的。有时候，父母希望生儿育女，是为了想要延续他们的奋斗，实现他们无法完成的愿望。对于这些父母而言，孩子们不是任何归属感的表现，也不是任何社会兴趣的结果。这类父母并不想为人类作出贡献，他们想要的只是帮助对抗"命运"、对抗"这个世界"的同谋者。而且他们和孩子的关系也反映了他们对待世界的敌意。他们没办法将孩子视为独立的个体。孩子除了完全屈服，并且接受他们作为父母的野心和欲望的延续这样的角色之外，对于父母来说没有任何其他的价值。孩子这样的角色就类似于被父母视为小狗或其他宠物的无价替代品而已，其存在只是为了满足父母的优越感，满足他们个人的虚荣心和感官欲望。

如果父母认可孩子是独立的个体，而不是为了满足父母自己的利益，那么父母只要恰当地养育孩子、照顾孩子，孩子们将是取之不尽的快乐和满足感的来源。父母的生活也将更加丰富多彩，爱好通常也会比那些没有子女的男男女女更加广泛多样。只要父母不将孩子当成自己的祖宗一样伺候，不让自己成为孩子的奴隶，这将成为事实。为人父母确实会改变一个人。有些男人没有孩子前可能只沉迷于工作、电影、酒吧，甚至赌博当中，但是有了孩子后可能会关注公共设施、公共卫生法规和教育设施。此外，家长在孩子的成长过程中，也会从中收获一些东西，从而心态变得年轻。当然前提是这一过程中没有出现家长与孩子的矛盾，否则他可能很快就会怨恨孩子的成长让自己变老，在这一方面，孩子的母亲格外敏感。

如果要评价孩子在婚姻中的角色，我们必须牢记的亘古不变的真理就是，一切事物都有正反两面性。孩子可以是连接夫妻关系的桥梁，也可以成为冲突的源头。这完全取决于父母将孩子视为共同的珍宝，还是让他们互相攻击，从而招致各种埋怨的祸根。生孩子会带来大量的责任；而养育孩子这项任务极其艰巨，推卸责任和责备别人是很容易的一件事情。当我们面对抚养孩子这种不可避免的困难时，必须清醒认识所有妨碍双方分享和合作的因素。如果父母双方能够在"这是我俩共同的问题"这一块达成共识，并且在养育孩子这一点上达成一致，那么两人就会发现孩子赋予他们婚姻的巨大的价值，此时，他们就能认识到结为夫妇更深层次的意义。只有通过这样的方式，夫妻双方才会获得深刻的满足感，而不只是通过生儿育女来解决婚姻中不可避免的威胁和担忧。

在当今社会，为人父母所面临的某些问题已经变得越来越少。现在几世同堂的大家族已经变得极为罕见，尤其是在城市当中，普通家庭一般也就一到两个孩子。在这些人口极少的家庭中，父母经常发现很难给予子女适当的教育，从而帮助他们顺利适应社会。而在人口众多的大家庭中，孩子们从小就在一个小型的社群里长大，彼此影响；母亲几乎没有时间特别关注某个子女，不得不给所有的孩子制定一些通用的规则。但是在小家庭中，孩子们从早到晚都跟父母在一块，父母如果养育不当或态度恶劣，就会给孩子带来更加深远的影响，因为家庭里没有其他人可以弥补父母教育上的缺陷。①

父亲的功能

在我们讨论家庭中子女的教育问题之前，有必要澄清父亲和母亲各自独特的影响力。

之前我们已经强调过父亲在孩子的教育中扮演了特殊角色，他身体力行地给孩子展示了男人在生活中应该发挥什么样的作用。家庭主导文化在很大程度上决定了父亲在家里的地位。在男人被视为优势社会群体的文化中，父亲就代表着权力和权利。如果是这种类型父亲的孩子，他们就会觉得男人肯定与生俱来就被赋予了这样的力量、效能感和实力。尽管男人占据优势的这种形象在美国已经不复存在了，但在世界上其他的国家依然还颇为盛行。在这种文化中，男性的说话声音通常更大、个子更高，这一事实，又加剧了男性主导的形象，因为女性通常都会选择比自己更高、更强壮的男性结婚。而且通常都是男性在外面赚钱养家，这一事实又赋予了男性特定的权利，令他们变成了有用的代名词。由于父亲通常参加工作和商业活动，他们的言辞和决策能力，对孩子在未来工作、商业或其他的一些方面也有着鼓励或挫折的影响。当产生鼓励影响的时候，在职父亲陪伴孩子虽然时间有限，但共处的时间不仅不会因为他们工作而有所减少，反而

---

① "家庭是尝试、从挫折中学习勇气、观点客观和合作的这些理念和技能最原始的、最重要的发源地。" N.E.舒伯斯（N. E. Schools）、G.戈尔德贝尔格(G. Goldberg)：《适应不良儿童的矫正医疗》(Corrective Treatment for Maladjusted Children), Harper Brothers, 纽约，1942年。

会因为时间有限让他们共处的时光变得更加宝贵，从而使孩子特别期待与父亲为数不多的团聚时间。只要母亲不使孩子和父亲发生冲突，他们通常会非常认真地听取父亲的建议和意见。

尽管父亲的影响力十分显要，但是他们通常认为，自己不应该干涉孩子的教育，因为他们觉得这是母亲的特殊任务。父亲这一角色在儿童教育中的退缩或缺失，有各种心理学原因：第一，我们可以说，这并不是真心尊重母亲有足够的能力去履行养育孩子的任务。虽然父亲们往往会在教育孩子时感到无法胜任，但是他们同样也会质疑孩子妈妈的能力。他们的缺席是一个手段，目的是当母亲犯错时，自己有权利责备妻子。第二，他们担心自己受到指责，担心被别人说自己对教育一无所知，虽然他们的妻子不一定知道得更多。不能否认的是，母亲通常花费更多时间和孩子们在一起，并照顾好孩子，是孩子们生活中最重要的因素，这可能解释了父亲在养育过程中的那种超然的态度，而这种态度并不是合理的，因为孩子们也需要父亲的影响力。**如果父亲比起自己的声誉，更加关心自己的孩子，那么他们就可以找到方法，帮助母亲共同承担起抚养子女的重任。**

母亲的功能

在不同的文化背景下，母亲在抚养子女方面的作用是相似的。如果母亲和孩子之间天生的亲密无间被打破，这应该是母亲的责任，而不是外部的文化或经济因素。这是因为在正常情况下，母亲是第一个关心新生儿的人，也是第一个被新生儿注意到的人：她悉心地照顾孩子，在孩子出生的头几周跟孩子亲密接触，满足他所有的本能需求。对于她而言，孩子所做的一切都是最为重要的事。

在女性的早期成长过程中，游戏（玩偶、过家家）和教育令她们普遍具有一种"母性本能"，这激发了女人不顾一切去承担一个母亲的角色。如果她完全充分地利用她的本能，而不是对抗她的母性角色，那么母亲就会轻易跟孩子建立起亲密无间的关系。任何一个孩子，在母亲不干涉他的成长的时候，都会发自本能想要去亲近自己的母亲。即使母亲为孩子腾出的时间十分有限，她依然能够维持这种天生的纽带关系。陪伴孩子的时间长短，远远不如母亲建设性地利用陪伴的时间来得重要。如果妈妈能够成为孩子的好朋友，愿意加以了解，并且作为坚定忠诚的伙伴支持自己的孩子，那么就没有任何东西能够阻碍母亲对孩子的影响力。如果母亲让孩子知道自己在任何情况下都有能力爱他，即使有一点点失望，孩子也会极为尊敬自己的母亲。

母亲的不足

母亲在诗人和艺术家的作品中，被热情地讴歌、赞扬，极具理想化，而这与当今世界，精神病医生和教育家们在实际情况下治疗、培训的母亲之间形成了鲜明的反差。在令人触目惊心的案例中，我们越来越发现母亲成为孩子们适应能力差和痛苦的来源。在现如今的文化背景下，似乎要求母亲们在给予爱的过程中几乎要像超人一样。母亲的爱，远远不是古老的诗歌中所描绘的那样，是一种赐福，而是经常性地，变成了一种嫉妒的武器。那些气馁、反抗、沮丧和充满敌意的女人们，打着母爱的幌子，将母爱变成了自私、令人恐惧和专制的情感，并且还要求为此而受到嘉许。

但是，我们却没有理由责备母亲，因为她们自己也是受害者。当今妇女正为争取权益而奋斗，她们害怕自己成为次等性别。在男女关系中，以及在婚姻中，女人们感受到的是深深的失望。在这样的社会文化中，女人仍然要争取到和自身能力、天赋相匹配的一席之地，于是有人认为，与男人相比，女人总体上是"不成熟的"，她们情绪不稳定、精神上和道德上也很幼稚、落后，但这绝非事实。有人说，女性缺乏抽象思维的能力，这样的说法，其实只是人们对抽象思维的一种偏爱罢了；还有人认为，女人喜欢"被需要"，但实际上世世代代以来，女性的活动受到限制，女性这一性别也被视为低人一等，只能为男人服务才能体现自身价值——这是社会文化环境驯化的结果。的确，总的来说，女性（请允许我们使用普遍结论）更容易感受真正的价值，而且不会轻易成为虚构的、危险的谎言的牺牲品，而这些谎言通常只利于维持男性的支配统治地位。那么，为什么与上几辈人相比，如今失败的母亲反而更多了呢？

我们可以从母亲与子女的恶劣关系中看到在人际关系方面，几乎每一种都是失败的。今天的人们其实很少为真正的合作做了充分的准备。如果发现女性在为成为母亲这个角色做出的准备越来越少时，其实也丝毫不足为奇，因为这通常要求人们发展出完整的社会兴趣。

如果一个母亲对自己的兴趣比对孩子的兴趣更浓厚，就绝不可能成为一个好母亲。这样的母亲对孩子所谓的深层的关爱与感情，实际上只是建立在她自己的期望和需求达到满足上，远远超过她关心孩子的幸福和成长。孩子可以给予婚姻以意义，因为婚姻涉及了几个家庭成员之间的关系，但是我们永远不应该只是为了给某个人的生活提供必要的意义才生孩子。这就是为什么有些女人，因为对自己的生活感到失望，与自己的丈夫日渐疏离，所以把所有的期望都寄托在孩子的身上。她们希望孩子永远属于自己，成为她们空虚的生活中唯一的意义和目的。但这样的态度是爱吗？根本不是。这只是对"无用"的一种补偿罢了，要求孩子们为自己的生活服务。

这样的女性通常在社会上也找不到自己的一席之地。她可能会认为，自己只是为了孩子们而活，因此，孩子们必然会代替母亲履行其他社会责任。对于这种畸形的"爱"，社会交往、工作和异性都毫无意义。有多少女人会认为孩子们会增加她的知名度——成为她们通往有名望生活上的垫脚石！某些女人试图用孩子来获得注意和羡慕，而这些投来艳羡目光的女人往往有着她难以企及的优势。如果情况更为严重，孩子们还不得不成为一个受支配的物品。他必须服从，而且在成长的过程中就一直为母亲的个人生活方式服务。孩子对生活中的危险无所适从，只有母亲的爱才能够保护他。母亲在所谓"爱"的名义下，逐渐给孩子灌输自己的恐惧和不安，并以此为借口纵容和溺爱孩子，通过这种方式，母亲就会把孩子完全置于自己的掌控之中，完全依赖于自己。由于母亲自己充满不安和不信任，所以她想要成为孩子唯一可以信赖的人。

在一段时间里，孩子可能会觉得自己可以容忍这种过度保护，但是他们之间迟早会爆发冲突。例如，在第二个孩子出生的时候，母亲的所有精力完全被新生儿占据了，第一个孩子会觉得自己被剥夺了之前完全投注到他身上的注意力，这时就会发生冲突。即使这样的悲剧在这个阶段没有产生，那么等孩子进了学校，必须去面对同龄人的时候，矛盾将是不可避免的。所幸我们当前的学校制度能够尽可能地帮助这些被溺爱的孩子，重新适应社会环境，培养勇气、独立和社交意识。

抚养孩子时的常见错误

　　溺爱、纵容一个孩子，绝不是预防摩擦的方法，反而会引发战争。在温情脉脉的爱和关心背后，我们总能感受到一种明目张胆或隐藏的敌意。这些"关爱孩子"的父母极少能够认清他们以及子女之间的相互敌意和战争。孩子们所有的行为问题都表现了敌意。我们很难让母亲认识到这一点。她根本不理解，为什么孩子会厌恶她，因为她坚信自己给了孩子所能给予的一切，她是如此深爱着孩子。然而，当妈妈们没办法阻止孩子独立自主的脚步的那一天到来时，有多少妈妈会崩溃呢？当孩子们必须长大，或者孩子的生活彻底失败的时候，又有多少悲剧会发生呢？特别是在青春期时——母亲和孩子之间的关系几乎是一场灾难。

　　父母一边保护孩子、一边支配孩子时，不仅仅母亲，就连很多父亲也会试图证明自己的优势，因为他们的优越感在现实生活中受到了严峻的考验。敌意一经产生，轻松、和平就不复存在。如果一个家中笼罩着冲突和对彼此的敌意，那么孩子们的缺陷就会更加严重，并且还会进一步恶化。**孩子们的过错会成为夫妻之间相互指责的罪魁祸首，这也给那些缺乏社会适应能力的父母提供了一个机会，让他们找到了免除自身责任的借口，也成为他们肆无忌惮地宣泄自己的敌意的一个托词。**甚至于孩子呱呱坠地，还没有来得及感受爱和欢喜，敌意就开始了。幸好人类已经掌握了阻止孩子意外到来的技术，所以完全排斥孩子的情况越来越少见了。不管是何种情况，父母和子女之间的冲突、家庭内部矛盾，都会让很多父母拥有孩子的满足感有所减弱甚至丧失。

难怪那么多父母在养育孩子的过程中受到挫败，因为这无疑是婚姻生活中最为艰难的一项任务。教育是一门艺术，父母需要接受正规的培训，掌握必要的技能。但是父母哪里接受过什么训练呢？关于教育他们自己又知道多少？而且就连他们本来知之甚少的东西，通常还会漏洞百出，贻害不浅，所以情况有时会变得更糟。如果一个修鞋匠没经过什么培训就打算开一家修鞋店，那该承担多大的风险啊！父母往往就是这样一类人，他们几乎没有事先准备，就开了一个教育工作坊——他们少得可怜的培训技能就源于被自己父母养大的经历。

讽刺的是，这一代的父母往往会模仿自己的父母，完全忘记了自己幼年时期，曾因为父母不适当的教育方法而痛苦不已。如果一个父亲小时候经常挨打，他很可能也会对自己的儿子动手。他完全忘记了小时候受过的羞辱，以及在父母的巴掌和棍棒鞭打下与日俱增的憎恨和反抗。正因为如此，我们才要说服父母，他们的教育方法和技巧是错的、没用的，甚至对孩子有害，但却收效甚微。每一对父母的态度，都代表着他所模仿的几代人的态度。每当我们想要改变那些特殊家庭的一些教育方法时，几乎都会面对代代相传的传统教育理念的铜墙铁壁，难以打破。这种思想和精神上遗传下来的东西，甚至比任何生理遗传都要更强，更有决定性。**在特定的国家和种族中，一个社会群体的文化基因比生理遗传特质的基础更加牢固深厚，并通过教育方法代代相传。**

要想突破这种世代传承，实在是太困难了。想想看一个简单的传统，如果一个孩子的行为与大人理想的行为背道而驰，那么就会因为"做错了事"而被打。挨打对孩子产生的影响是什么呢？一方面，这些残忍、恐怖的场景会使他的性格变得扭曲，让他对人性中的善意和伙伴关系产生了怀疑，并且让他对人类伙伴失去了信心，而且，挨打的孩子也会本能地反抗，于是这个行为又再一次让他挨打，身心受到双重创伤。另一方面，就算那个被揍的小孩仍然有胆量，并保持社交上的爱好，长大成人之后，他们依然会小心谨慎地避开任何会让自己受到伤害的场景。他可能会养成"力量""坚韧"的习惯，形成刻板无情的性格，这是许多强壮、能干的人必须要为之付出的高昂代价。他们只会惩罚责备而非迁就顺从，因此，亲朋好友和子女越来越难以亲近他们。

尽管如此，长期以来，"打屁股"这样的传统一直被人们奉之为行之有效的管教方法，而且直到今天依然被大部分的父母所采纳。甚至于那些理智的父母，虽然已经意识到了打孩子是对孩子的尊严和人格的侮辱和违反，他们还是会常常用这种方式侮辱孩子，维持他们自己的优越性，而且还用"失控的"脾气和"紧张的压力"为自己辩解。"打孩子"这一传统，是一个家庭形成民主、和平、合作氛围的最大阻碍，也是过去几乎没有人格尊严和人权观念的遗俗。

教育这块产生的问题，其实和共同生活时遇到的其他问题没有什么两样。教育的过程也反映了一个人的整体生活观念。因此，教育孩子时，家庭中的氛围至关重要。一个孩子的一切缺点、过错和过失都可以追溯到家庭成员在对待彼此的过程中使用的一些错误方法上。只有一个家庭能够遵守人与人之间的健康关系的原则，孩子们才能够为未来的生活做好准备。因为**家庭是孩子的第一个社区和单位，家庭给孩子描绘了将来生活的总体写照，而且一切都取决于家庭如何紧密真实地描绘家以外的更大的世界。**如果家庭的氛围其乐融融，就能够鼓励孩子们在面对世界时，表现出正确的态度，并且按照他在家庭里面获得的经验对外面的事件进行解释。

遗憾的是，如今我们家庭内部的关系和外界生活中人与人的关系并不协调。孩子们通常被父母过度保护，尤其是那些孩子较少的家庭，所以孩子往往变得以自我为中心。然而，在成年人的世界中，孩子并不与成人平等，而是被养育的人。孩子们很少有机会发挥自己的作用，为这个集体作出贡献，并凭自身取得适当的家庭地位。孩子们寻求自己被认可、被接纳的唯一方法就是向他人索求——要求别人提供服务，给予自己礼物或者至少得到大家的关注。对孩子们来说，他们得到的东西才是自己重要性的一个标志；他们能做什么事根本无关紧要。这条与人交往的原则违背了之前讨论过的一切合作原则。

父母如果能够按照合作的原则行事，那么他们在养育孩子的过程中就越恰当、越轻松。孩子们可以自动地将自己的行为调节到合适的程度，因为他对周围发生的一切其实十分了解，也知道该如何去做才能与别人和平共处。可我们经常看到的却是，有些父母对自己有一套做事规则，却让他们的孩子遵守另一套完全不同的规则。比如，父母往往觉得孩子撒谎非常令人愤怒，常常为此迷惑不解，甚至于感觉自己受到了屈辱，然而他们却忘记了自己经常对邻居公开撒谎，有时候还让孩子们为他们说谎。他们自己对工作抱怨个没完，却要求他们的孩子在工作时勤勤恳恳。他们会对孩子们说的"脏话"恼羞成怒，然后质问他们到底是从哪里学的，孩子们最后却说是从他们嘴里学会的。如果母亲要求孩子"乖"，才履行自己作为母亲的责任，那么孩子对母亲说"如果你对我不好，我就不扫我的房间"，这有什么难理解的呢？然而，严苛的母亲却因为孩子说出这样的话而大惊失色。

让父母意识到孩子们和自己没有差别，是一件非常困难的事情。父母不仅要求自己拥有特权去破坏社会规则，损害家庭的归属感；而且他们经常纵容孩子享有这种特权，他们自己不会给予他人。放纵和压制一样是一种灾难。只有当整个家庭的主导规则，公平同等地既适用于孩子，也适用于大人时，才能够让大家都能做到明辨是非。如果在家庭生活中采用强有力的、不偏不倚的道德原则，那么想要让孩子们变得愿意作出贡献、对自己个人的优势和能力信心十足，进而在更大的社区中成为一股有用的中坚力量，根本不需要什么特殊的教育技能。

哪里可以找到拥有这样的背景和氛围的家庭？哪里有着勇敢又愿意合作的父母呢？正如前文所说，我们这个时代根本不利于培养出这样的家庭和父母。**埋在心底的不安全感、对自己的个人名誉的持续关注和担忧，使我们无法变得更好，为人父母，也不例外。**

我们不能指望父母面对子女时，会表现出比面对其他对手更多的合作精神。这就跟我们说"我们希望家里拥有比社会这个大集体中更多的和平"一样可笑。如果社会感充分，我们在哪里都可以找到方法，若不充分，我们就没有立足之地。孩子和其他人不同，他们就像我们的商业竞争对手一样，会威胁到父母的名誉，甚至更具有决定性；因为父母非常容易因为孩子的反抗而受挫，他们以为只要提供爱或者溺爱就可以换来孩子的服从。他们要让孩子们无条件地接纳和服从他们，只是因为他们是父母。如果父母把孩子的任何反抗和不服从都视为对自己人格的一种侮辱，这几乎是对"生儿育女是神圣的"这个观念的亵渎，令人发指。家长愈想将自己的意愿强加于子女身上，就愈难取得子女的配合，就会愈加失望。父母对自己的生活非常恼火，然后把这份失望带回家中，再通过孩子传递给外界。

对待孩子的正确方法

所以要想影响孩子，制定一些规则就十分必要。父母的生活方式不能保证孩子们的整体发展，因此需要其他人的建议。当然，这本书并不是要讨论家庭教育的具体方法。但是，在"共同生活"这一章中提出的几条规则也提供了一个适当方法的大致范围。第一条规则就是要理解和尊重人的尊严。在和孩子们打交道时，成年人也必须尊重自己，同时也要维护一个孩子的尊严。漠视自己的尊严，等于纵容；忽视孩子们的尊严，就等于压迫。这两样都会破坏合作，都是在培养暴君和奴隶。另一条规则就是：既不斗争，也不妥协。在进行家庭教育时，我们必须增加一些基本条件，"让孩子接纳秩序"和"鼓励孩子"。这三条基本原则：**不斗争、维护秩序、持续给予孩子鼓励**，其实本质上是一个整体。如果没有另外两条规则，只有一条规则根本无法施行。如果我们相互斗争，那么我们绝无可能让孩子们接纳秩序，而且也根本做不到鼓励孩子们。如果不能坚持让孩子们遵守秩序，就不可避免地会导致斗争；如果一个孩子不能遵守秩序，就会迫使父母与他发生冲突。

对于很多父母来说，相信孩子们能够在没有外力的环境下成长成才是不可能的。"棍棒底下出孝子，不打不成器"就是对人性的不信任，在这个观念里，人性需要驯化，而且需要进行威压和实施强制手段，如此人类才能变得善良。这些父母需要认清一个事实：当他们的解决方法是与孩子展开斗争，那么他们还没开始自己就已经输了，孩子们天生就有很多优势——他们懂得如何对付父母，远远要比父母知道的多得多。因为他将所有的时间都用来适应这个环境，所以他清楚地知道父母的每一个弱点。他想象力丰富，能够创造成百上千种斗争方法，而如果刻板的父母一成不变，坚持只用那两三套方法，那么父母根本就不是他的对手。孩子完全知道如何获得自己想要的东西，而父母尽管总是在相互竞争，最终却不可避免输得一败涂地。

斗争是徒劳的，这一点越来越不容置疑。所有羞辱的方式——大吼大叫、大声责备、打屁股——即使一时生效了，最终也无济于事。一旦有了适当的时机，孩子就会立刻反击。父母取得的一次表面胜利背后，孩子们至少已经赢得了十次胜利。孩子们养成的不顺从的习惯，是父母教育的必然产物。但是如果父母和孩子之间有着真诚的理解，因而建立了良好的关系，那么事情会变得多么简单啊！每个孩子对善意都很敏感——坚定，也是一样。如果孩子们对和善和坚定没有任何回应，是因为他们已经相信，只有暴力才能解决一切问题。

玛丽正在院子里玩耍，这时妈妈喊她："玛丽，来这儿！"但是她继续玩，没有回应，似乎根本没听到妈妈的话。妈妈又喊了一遍，她依然没有回应。一位朋友正好路过，听到妈妈喊了她好几次，于是走近玛丽身边，问她是否听到了妈妈的叫声。"哦，我听见了呀！"玛丽淡定地回答，然后继续玩，朋友有点儿恼火："那你怎么还不回家呢？"玛丽淡定地回答："哦，我还有很多时间，妈妈还没开始大喊大叫呢！"

很多父母，甚至那些生活中的最佳父母，都未能认识到秩序的重要性，这很悲哀。他们真诚地爱着自己的孩子，希望孩子们一生幸福快乐，免遭失望或痛苦，所以不给孩子建立任何秩序和规矩。孩子们的愿望就是他们的命令。父母希望孩子们长大之后，能够学会体谅他人，行为更加明智。但他们错得多离谱啊！一旦一个孩子知道自己的欲望是万能的，那么他一定会把任何否认这个能力的企图，无论来自父母还是老师，都视为一种不公正的行为，认为他们是要剥夺自己的天然特权，并把他人的行为理解为是在拒绝或者羞辱自己。过度保护和溺爱，决不可能赢得孩子，也决不会让孩子与他人合作、变得勇敢。父母剥夺了孩子们享受秩序的愉快体验，阻碍了孩子们在帮助自己和对他人有用时感受自我的能力。而且，放纵根本就不能阻止不愉快的体验，只会让孩子们在将来体验越来越多的痛苦。放纵不仅不能帮助孩子，反而会害了他；斗争和摩擦因此也就无法避免了。

　　溺爱通常建立在对自由的误解上。父母当然应该给孩子自由和自我表达的权利，但是没有秩序的自由是不存在的。如果没有自由，也就没有永恒的秩序。在有些文化中，秩序的理念被夸大到了会使孩子们被剥夺自我表达的权利的程度。严苛的规则和立刻服从就是教育的最终目标。这样做最终的结果和压制及羞辱造成的结果别无二致。虽然采用这些方法可能会让孩子变得坚韧、提升实力和取得成功，但是人际关系方面会有所损害。自由并不是毫无底线的，不是我们想做什么就做什么，因为这样的自由必然意味着我们把一些事情强加到了其他人身上，就是意味着我们在否认他人享有同样的权利。如果人人都为所欲为，想做什么就做什么，那么人人都没法享有自由——只会扰乱秩序。只有一个人享有的自由和特权根本就不能称之为自由，相反实际上只是专横和专政。很多父母以给予孩子自由为托词，导致孩子们不能和其他人友好相处，并且觉得别人都不能遵守自己的规矩，遭到其他人的排挤，成为在人际关系中的独裁者，郁郁寡欢。

　　很多孩子在成长过程中会形成特殊的秩序概念。对他们来说，秩序就是那些他们不愿意遵循的。他们必须认识到，其实秩序对他们是有益的，让他们学会这一点倒不是什么难事。如果孩子拒绝遵守日常生活中的家庭常规，我们可以帮助他们更好地理解这些秩序的含义。我们有很多方法让孩子们清楚地了解秩序的真实意义。例如，家庭中的每个成员都达成共识，一天之内每个人都可以做自己最喜欢做的事，孩子们可能会同意这一点。但很快孩子们就会发现，如果父亲和母亲在特定的时间里，也只做他们最喜欢做的事情，那么自己其实得到的更少，失去的反而更多，因为没有人准备晚餐、没有人铺床叠被、没有人清洗衣物。很明显，秩序不仅仅只是为了某个人服务的，而是为了所有人谋福利。一个人只要不侵犯另一个人的自由，那么就可以自由行事。

现在谈谈第三个最重要的规则：孩子们需要持续鼓励！就像植物需要水一样，孩子们也需要鼓励。我们现在的教育方式却经常性地让孩子丧失信心。溺爱和压制，给孩子们带来了无数次灰心丧气的经历。这是因为父母总是没来由地胆怯，不管在什么地方，他们都能看到危险；他们把自己等同于孩子，因为对自己没有信心，所以他们也决不相信，孩子们可以照顾好自己。他们看不到孩子们的潜能，反倒将孩子的身材大小和能力与自己作比较，于是得出结论，自己的能力肯定比孩子强很多。实际上，比起父母对孩子的信心，孩子们的身体和心智能力通常要强大得多。人们一代又一代地对孩子的潜能产生了质疑，这是成年人的能力未能得到充分开发、从来不曾实现自己的潜能的一大重要原因。

我们可以从激励的程度来衡量任何一个教育制度的效力。只要让孩子更加勇敢的，就有帮助；而让孩子气馁的，就是有害的。没有人天生就是"坏"孩子。每个孩子都想要变好，希望自己有所成就，愿意做个"好孩子"。只有当孩子绝望，对自己失去信心时，他才会行为不端。我们尚未充分了解并发展鼓励的技巧。极少有人会刻意计划鼓励孩子，大部分人根本不知道如何鼓励别人。有些人喜欢给孩子说些好话——孩子们其实讨厌这样！虚伪的赞美绝无可能鼓励到孩子。不恰当的褒奖，既无意义，又令人厌恶。甚至于有些时候真诚表达的羡慕，也会让一个孩子灰心丧气，尽管他得到了夸奖，会很高兴，但他会觉得自己根本没有达到令人艳羡的标准和高度。

鼓励的时候，有两个因素至关重要：一是要有诚意，二是要了解孩子的需求。每个孩子都有令人敬佩的技能和才能，但同时也有缺点，需要被温柔相待。然而，如果对孩子缺乏信心，他自己是根本不可能发展出对自己的良好评价的。自信，认识到自己的能力和力量，就意味着勇敢。孩子如果自信勇敢，不管将来与谁交往，自己人际关系的效率和质量都会有所改善，自己在社会中的适应能力也会有所增强——尤其是那些需要帮助的孩子，他们更渴望这些。

当蕴含敌意的氛围笼罩了家庭，当斗争、对抗和相互蔑视支配着家庭成员，鼓励是不可能有什么效果的，其实，它需要在友好和睦的氛围中自然而然地进行。如果夫妻之间观点不统一，如果父母互相对抗，那么孩子也会相互竞争，都试图使他人泄气。父母扼杀孩子的天性和多才多艺，使其无法努力，妨碍孩子们对自己的价值和创造力产生自信，这些时刻时不时就会发生，而父母却难以察觉他们的影响方式，更难以察觉他们微妙的影响力。

孩子的每一次失误、每一个不足，其实都反映了他在家中遇到的挫折。否则的话，孩子们是可以针对自己的问题找到解决之法的。一个在爱和理解的氛围中长大的孩子，他会愿意并且渴望作出自己的贡献的。如果他接触到的都是友善、真诚的兴趣，孩子们就能够快乐成长，并且回应社会需求。

但是，很多父母和老师自己就是在摩擦和竞争的氛围中成长的，他们没办法给孩子们提供合适的指导。他们忘记了自己曾经经历过的那些不安全、被孤立、不被爱的可怕感受，现在反而将这些强加给孩子。这些父母和老师们从儿童心理学中学到的很少，只是依从他们自己的个人成长经历。他们几乎没有发现孩子们的潜能，却反对孩子们做事，阻碍着他们的成长，而且根本就不曾给孩子们激励。的确，有时候似乎能让孩子们顺从自己，但代价又是什么呢？他们亲手毁掉了孩子的个性，却不明白为什么孩子们觉得自己被忽视——他们完全没有意识到孩子行为不端的真正原因。

理解孩子

若要理解一个孩子，我们需要掌握孩子成长和发展的全部原因。孩子们需要先在家庭中找到自己的定位，或者寻求自己得到认同和认可的一些方法，这些方法在他自己的特定环境中被证明确实有效，如此，孩子们才能发展出相应的特质。但是如果孩子没有获得鼓励和指导，常常就会找不到与他人交往的恰当、有效的方式，最终导致了孩子们的行为不端。

孩子们行为不端，通常是由四种动机的驱使以达成他们的目标。在改变孩子行为之前，我们必须先理解这些目标。

最有可能的情况是，孩子们希望获得关注。这种独特的渴望在婴幼儿身上最为常见。在当今的家庭环境中，孩子们几乎没有什么机会帮助大人，甚至也很难有机会为家庭成员的共同目标作出贡献，以此来得到认同。所以，他们开始相信，获得礼物、被投入情感或者至少是关注非常重要。孩子认为父亲常带回家的玩具，不是用来创造乐趣，而是象征着父亲的爱。如果没有人注意他们，孩子们就会觉得自己被忽视。如果孩子没办法通过令人愉快的方式获得关注，他们就会采用不合时宜的方式引起注意，而且常常刻意刺激父母责备和惩罚自己。至少这也是一种关注的方式；如果一直不受关注就太糟了。被惩罚都不是最糟糕的情况，最坏的结果是被忽视。那些千方百计获得关注的孩子们，我们必须教会他们，他们可以让自己有价值——被社会认可不是被接受，而是通过奉献。

第二个行为不端的目标就是证明优越性和权利。那些被暴力对待的孩子学会了反抗。大人对孩子提出的要求越多，他们就越少顺从。孩子们在挫败父母精心策划的项目方面，简直是天才，而且他们能轻松完胜，会让他们的对手——父母和成年人，困惑不已、惊讶万分。

这些敌意最后就会导致第三个目标，即惩罚报复以扯平。因为确信没有人喜欢自己，孩子们会放弃任何想要取悦别人的尝试。当被羞辱之后，他们认为唯一可以补偿自己的，就是在自己被伤害时有能力去伤害别人。因为孩子们缺乏社会责任感，他们不情愿接受任何看似是对的事物。这样的反叛行为反映了完全的社会挫败感。

第四个目标体现在完全的消极应对中。完全消极就表示孩子们完全相信了自己的不足，他们都极力避免所有可能会使自己的不足感越来越强的情况。

如果想要理解问题所在，我们必须知晓行为背后四个目标中究竟是哪一个发挥着作用。很多人认为，如果他们能够找到一个合适的词来描述某个行为，就表示他们理解了这一行为。其实语言并不能够解释行为的本质，只能对行为进行描述而已。比如说，像"懒"这个词就不能准确地解释确切的行为。因为每种懒惰的行为背后的心理因素是不同的。有些孩子懒，可能是因为想要获得关注——想要让妈妈坐在他旁边不停地提醒，随时提供帮助；否则的话，就完不成家庭作业。但是懒也可以意味着优越感和权利，有些孩子会无一例外地拒绝去做事，不管父母或老师怎么威胁和惩罚都没用。有时候，懒惰还是一个孩子被不恰当地对待之后，最糟糕的报复方式——惩罚那些过分自负、不自量力的家长。还有好多情况下，懒惰只是因为他们放弃了而变得灰心丧气。如果一个人在任何情况下都没有成功的可能，那么努力还有什么意义呢？

父母必须学会理解每一种情况——必须知晓孩子们做出某种行为背后的原因，他们是在对抗谁，他的挑衅或缺陷是针对什么。尽管他们很少会这样去做，但是还是要多知道一些。父母应该收集与孩子们的想法和愿望相关的资料，了解孩子的人生观和对自己的认识，了解孩子在成长过程中做出了哪些努力，了解他从经历中得出了哪些结论。

生活方式

在所有经历影响下，孩子在幼年期——尤其是四到六岁，就可以对自我和在生活中的定位有一个清晰的认识。孩子通过对自己的观察做出解释，形成自己对社会生活的理解，他还观察父母和兄弟姐妹的行为，以及受到哪些行为有效或者无效的激励，发展出某些应对社会生活问题的方法。每个个体都基于自己的独特个性形成了非常有个人特色的方法。当然，他还会根据他自己所处的情境，随时改变这些技能；但是，他关于自己的基本概念始终是不变的。如果孩子从中得出的结论是，他总是需要依靠别人，那么他在拥有这种依赖时的任何行为，自然会与没有得到这些依赖时的表现不同。如果有人可以依赖，他可能会非常配合，而且可以随时调整；然而在没有什么人可以依赖的时候，他就会失败或者畏缩不前。这两种相互矛盾的行为模式的背后，其实隐藏着完全相同的原因。

有时候孩子虽然意识不到自己的想法，却会对周围的环境做出反应。如果大人们没有帮助他们认清这些，就让他带着错误的理念长大，那么只能通过心理治疗这样的方式，转变孩子的基本观念，让其变得更好。如果父母受到了恰当的训练，能够认清孩子们的基本观念，就可以很好地帮助孩子，防止他们出现一些错误观念，而这些可能会导致未来孩子们适应不良、失败或不幸福。

家庭的星座

孩子们在家里的地位对自身的观念有很大的影响。如果他是独生子女，父母就是他在生命中的关键几年里最重要的人物角色。孩子对自己和父母的关系尝试性地进行互动，父母的相关反应又对孩子的行为加以调整，然而，这种互动的成功与否，与家长的定义并不相符。孩子可能会认为大家必须为他效劳。此外，父母的个性和他们的自身行为，也为孩子们在发展自己的方法过程中提供了一些指导方针。他会从自己的角度出发，进行判断，然后采纳那些他认为行之有效的方法和行为。

很遗憾，他自己的观念可能没办法和父母的想法完全吻合，例如说，他会认为，恐惧会让他获得父母的特别关注。但是如果孩子有兄弟姐妹的话，通常兄弟姐妹的影响比父母的影响更大，因为父母认为自己是仲裁人，会加强控制子女在家庭的位置。父母也会强调每个孩子那些所谓的个性和固有行为，卷入孩子们彼此的竞争中，父母常常成为这一切的始作俑者，但却没有意识到一切都是自己在暗中操控，所以他们对结果感到茫然，不知所措。在每一个儿童的成长过程中，手足间的竞争是一个非常重要的因素。即使孩子们之间彼此相爱，不会吵架，但是彼此间的争斗却是显而易见的，对孩子很熟悉的人很容易看到这一点。

手足之间的竞争通常起源于两个孩子之间的独特关系。孩子们之间持续竞争，其中一个基本原因就在于他们没法理解年龄差距。对他们来说，兄弟姐妹只是比自己更强壮，或者更弱小，比自己能力更高或更低而已，与年龄无关。父母为了安抚小孩子，会提到年龄的增长——等你长大了，你也能做到！然而这种话其实对孩子来说毫无意义。两年之后，他就能做到他的哥哥姐姐今天就能做到的事情了；但到那个时候，哥哥或者姐姐还是比他大两岁。两年的差距，就形成了天壤之别，无关乎年龄，他们只看到了体格、力量、技能和能力方面的差异带来的结果。所以，用年龄来安抚小孩，其实会容易导致孩子们相互竞争。年长或年幼多少岁不重要，我曾经见过有些孩子的年长优势就是因为那短短几分钟的时间。我提到的一些例子中就有两个孩子其实相差不过7分钟或13分钟而已，但他们之间的差距却是天壤之别，稍大的那个孩子的年长特权就更为明显。

正是因为第一个孩子和第二个孩子之间的竞争几乎是普遍存在的问题，所以这些孩子是有力的证明，以此说明竞争关系的意义。在某个时间段里，第一个孩子是唯一的孩子，他会认为第二个孩子的到来威胁了自己的特权地位。他会发现，自己被迫分享的不仅仅是时间和注意力，还有父母的爱，尤其是母亲的爱。弟妹的出生对独生子女来说是一个冲击，他通常会觉得自己"被贬黜了"。即使他已经为弟妹的到来做了准备，但仍然无法真正预见到实际情况，因为他从来没有经历过此类情况。最好的结果就是，他能够从自己作为大孩子的优越地位中获得自信，才有可能心甘情愿接受这个玩伴，认为这个玩伴可以使自己摆脱寂寞。虽然这种孤独使他自己享受其中。

但是，通常来说，第一个出生的孩子，随着自身的理解能力逐渐增强，他能够仔细地观察和留意新生儿的成长过程。他会注意到，自己一开始在能力和作用方面无可比拟的优势，会随着时间的推移一点一点地减少。他肯定会担心，某一刻老二就会跟他完全一样了，因为这就意味着到了那个时候，老二只要再进步一点点，就会超过他了。通常来说，他的这种担心成为事实的速度远比他预想的要快得多。而有些父母完全没有意识到这种冲突，会拿老二的成长和进步跟老大做比较，这样就会加剧他们之间早已自然存在的竞争，招致更为严重的后果。所以当老大试图用不良行为来吸引父母此前专属于他的注意力时，父母往往会很生气。他们因为老二的点滴进步欣喜不已，这跟老大的烦人、闹事形成了强烈的对比，于是就会对老大表现出厌恶和恼怒，这恰恰向老大证明了，他对自己家庭地位的担心是多么有先见之明。

这时，由于老二自身能力有所欠缺，因此会自然而然地要求更多的补偿，这又使得老大的困境更加糟糕。在老二看来，始终都有个老大在他前方，老大能跑能跳、会说话、能自控、能上学，还能读书写字，但是他做不到这些。难怪他会用尽自己的全力，去巩固和加强他在家中的地位了！所以，只要老二发现了老大的任何一点缺点，就会趁火打劫。比如说，如果妈妈随口说，老大应该跟老二好好学学怎么保持卫生和整洁，那么老二的机会就来了：哦，我可以超过哥哥或姐姐了！反过来呢，老大会清楚地意识到自己的地位不保。可是，他通常不会像母亲希望的那样有所改善，常常会选择不管不顾。而他的小弟弟呢，虽然比他小，比他弱，却能做得比他更好。那他还有什么必要努力呢？

所以就会出现一种典型的情况：老大因为另一个孩子做得好而倍觉气馁，于是在无意识中，认定自己的优势应该是在什么别的地方，而让那个更成功的竞争者占领这个领域。一旦这种想法生根发芽，恶性循环就开始了。老大放弃的越多，老二越会努力地试图在这种特殊的领域建立自己的优势，于是他会更加成功，另一个选择放弃的孩子就少了一分希望。如果一个孩子在这块如鱼得水，另一个孩子就可能在这里寸步难行。而父母呢，尽管他们很容易就能帮助这个气馁的孩子打破这种恶性循环，但是他们却很少这么做，相反，他们常常因为站在老二这边，更加强化了老大的自卑感。于是，两个孩子会在他们的世界里进行这样的划分：其中一个可能会依赖自己的天分，另一个人则充分发挥着自己的魅力。如果其中一个对学习感兴趣，另一个可能就会试图在体育这块实现超越。如果一个擅长语言，那么另一个的数学能力就会强一些；如果一个孩子值得依赖、忠诚可靠，另一个孩子可能就会无助、依赖别人。如果一个孩子的表现总是那么优秀，那么我们总会看到他的竞争者——另一个孩子则为此付出了巨大的代价。不管是第一个孩子还是第二个孩子，都可能会获得成功——父母的态度决定了谁会获得成功。通常来说，一个孩子越是被纵容、被打压，那么另一个孩子胜过他的机会就大得多。大部分情况下，机会都是对半分的，所以每个孩子在不同的方面都有输有赢。如果两个孩子足够幸运，竞争可能不会导致真正的失败，反而会让他们在不同的领域获得各自的成功。

下面这个案例就清楚地显示了两个孩子之间的竞争机制和表现：

9岁的小男孩比利十分了不起。四年之前，他父亲去世了，于是，他努力想成为母亲的慰藉，并且努力帮助母亲。所以，他在很小的时候，不仅能够帮妈妈做家务，还能够帮忙照顾他6岁的妹妹玛丽琳。在他年纪很小的时候，母亲就会跟他讨论家里的问题，而且他还在实际上承担了"家中的男人"的主心骨职能。但是他唯一做得不好的地方就是在他的学校。他朋友很少，而且也不喜欢学校作业。所以当我们意识到，正是因为比利在学校里得不到他在家中得到的"优越"地位时，也就不足为奇了。

所以可能大部分人就能猜出妹妹玛丽琳是个什么样的女孩。她太不守规矩了，妈妈都不知道该拿她怎么办了，只能到这里来求助。妹妹邋遢、说话不算数、吵吵嚷嚷、让人厌烦、令人生厌——是一个真正的"淘气包"。妈妈搞不懂，为什么这两个孩子都是自己的孩子，差别怎么就那么大呢？所以她很难理解比利的懂事和玛丽琳的顽劣之间的关系。

以下是我们和两个小孩的谈话。我们先是询问玛丽琳，她觉得妈妈爱不爱她？当然如我们所料，她摇了摇头。然后我们向她解释，我们非常确定，妈妈是非常爱她的，但是，正是因为玛丽琳自己根本不相信这一点，所以她才一直表现得非常顽皮，这让妈妈对她始终很生气。结果，只有当她表现得不好的时候，妈妈才会把注意力放在她的身上（用消极方式吸引注意力的原理），结果这反过来又让玛丽琳觉得妈妈更加不喜欢她了。如果她能够改变一下自己的行为，那么她很快就会发现，妈妈也是同样爱她的。

这次谈话的时候，比利也在现场。接着我们就问他，他是否希望玛丽琳能够成为一个乖孩子。他立刻就回答说："不想。"我们问他为什么不想让妹妹成为一个乖孩子。他一下子就觉得很羞愧，绞尽脑汁地想了一会儿，最后回答道："反正她无论怎样，也不会变好的。"于是，我们向他解释，也许我们可以帮助妹妹，他也可以帮助妹妹，而且如果我们哪一天帮助妹妹成功成为一个乖女孩，那么他喜欢这样吗？他露出了一点犹豫，然后说"好"，他可能会喜欢的。我看着他，非常真诚地告诉他，我不相信他说的是真的，而且我很确定，他说的第一个"不"更真诚、更准确。那么为什么他不希望妹妹是个乖孩子呢？也许他自己就可以告诉我们答案。他仔细地想了好久，然后他说："因为我想要比她更好。"

一旦老大和老二之间建立了竞争关系，那么第三个孩子的到来，可能会在成长的过程中成为老大或者老二的同盟。第三个孩子与前两个孩子都形成竞争关系，促使老大和老二之间结成同盟的情况则是极为少见的——但这种情况也不是不可能，比如，如果老大和老二是两个女孩，而第三个孩子是男孩的时候就比较常见。而第四个孩子则可能与几个年长的孩子中的任何一个玩得更好，各种情况都不一样。无论是以什么样的方式结盟，我们都可以通过每个孩子后来的性格发展，轻易地识别出不同的模式。那些品性、兴趣或者情绪方面反差很大的两个孩子，他们之间就可能是竞争的关系。这样的事实揭示出，其实家庭就是一个战场，父母意识到这一点，有助于帮助他们理解孩子。

家庭的互动，让每一个孩子都置于阿德勒[1]称之为"家庭星座"的关系之中，而这种互动关系，对于孩子的人格和性格的发展，比基因等任何一个单独的因素都更为重要。请看下面的例子：

> 父亲、母亲和他们的六个孩子组成一个大家庭。他们之间的竞争，来源于他们与处于"优越地位的"支配型父亲之间的关系，父亲对政治和文学都很感兴趣，而母亲则是一个典型的家庭主妇，通过支配和控制家里的孩子们，弥补自己在社会上和智力上的不足。他们的第一个孩子叫莎莉，是个女儿，因为父亲的关系，母亲和大女儿之间形成了竞争关系。妈妈则和他们的二女儿碧翠斯结成了同盟。莎莉是个好学生，但是不喜欢做家务，而且总跟她母亲对着干。碧翠斯则对家务很

---

[1] 阿尔弗雷德·阿德勒（Alfred Adler）：《理解人性》（*Understanding Human Nature*），Greenberg Publishers，纽约，1927年。

感兴趣，但学习上却非常平庸，而且只对打扮得漂漂亮亮感兴趣。

几年之后，一对双胞胎女孩诞生了。她们之间外表相似，需要穿不同颜色的袜子、在头发上绑上不同颜色的丝带，帮助其他人进行辨认。通常，外表相似的双胞胎之间的心理关系非常特殊。他们认为对方和自己一样，因此，往往会认为自己只是其中的一半，他们很可能会选择同样的生活，他们的命运也经常是出奇地相似。

然而，在这个家庭中却出现了不同寻常的一幕。两个大姐姐之间强烈的竞争让双胞胎之间的关系也分崩离析。露丝只是碰巧比妹妹早出生13分钟而已，就被莎莉声称是她的盟友，而碧翠斯则和小妹妹戴安娜站在了一边。结果，露丝在成长的过程中，就越来越像莎莉，是一个好学生，不喜欢做家务，而妹妹戴安娜则更对自己的外表感兴趣。第三对孩子则是一对龙凤胎，男孩汤姆不仅仅很快成为龙凤胎中的老大，而且作为家里的独生子，渴望得到最优越的地位。

整个家庭的孩子们，在性格、兴趣和行为表现上被划分成了两派：一派是父亲、莎莉、露丝和男孩子，另一派则是母亲、碧翠斯、戴安娜和小婴儿。汤姆，因为有着长姐和父亲的支持，甚至挑战比他大得多的姐姐碧翠斯的优势地位，想要以小欺大。双胞胎露丝拒绝和同胞妹妹戴安娜成为朋友，甚至把她排除在自己和其他女孩的友谊之外，并且以"她太小了"（虽然只不过是大13分钟而已）为借口，拒绝带她一起玩！摩擦、口角、相互折磨在这个家庭里轮番上演，使这个本来很能干，也很有爱的家庭变得乱七八糟。

帮助孩子调整以适应社会生活

消除家庭当中的竞争，尤其是克服孩子们之间的竞争关系，是极为困难的任务之一，也是父母在意识到了竞争存在之后最为迫切的任务。正是因为这样的竞争关系会妨碍孩子们之间形成良好的陪伴，所以如果能够让孩子们之间多一些相互陪伴、享受的体验，竞争自然而然就会减少。**一个家庭真正需要的是合作性的活动、共同的爱好，从而增强家庭成员之间的归属感，这样才最能消除竞争关系造成的关系疏远**。给予每一个人公平的机会参与游戏、一起去旅行、吸引孩子们之间发展出相同的兴趣爱好，举办一些讨论来邀请每个人表达自己的观点等，能极为有效地帮助消除这种竞争关系，尤其是父母也参与其中的时候。但是，如果不付出很多努力，精心组织和悉心安排，孩子们之间就很难形成真正的团体活动：比如在平常的游戏中，如果允许一个孩子习惯了用自己的优越地位来支配另一个孩子，那么另一个孩子就会习惯性地向对方低头，这样孩子们之间的竞争又开始了。尽管家庭之间，始终都可以保持某种程度上的平衡，但是这一平衡并不总是令所有人都愉悦，如果有人不开心，那么在心理上肯定是消极的。如果想要在家庭中发展出真正民主的生活方式，那么需要对每个孩子进行培训，有时候让他成为领导，有时候则需要他担任服从的角色，如此才能够扩展到更广泛的社会群体之中。

要不要让孩子远离外面这个世界的"邪恶"影响，这是当今世界一个引人注目的问题。我们听到有人持续地大声疾呼"让我们保护孩子"！这样的要求本意是好的，但却很危险。因为这会让我们对孩子们保护过度。如果过度保护孩子，那么他们就很难准备好将来独自面对生活。他们需要的不是庇护，而是鼓励。要让孩子们直面问题，因为我们无法掩盖真实的人生。但是父母可以帮助孩子们养成正确的生活态度，变得勇敢、有同理心、有理解力、对社会有益。父母不要阻止孩子们听收音机里的恐怖故事，而是应该帮助他们正确地进行评价，同时摒弃那些耸人听闻、毫无价值的故事。他们可能没办法阻止孩子们玩枪，因为他们的同伴会这么做（顺便一说，小时候玩枪，长大后未必就能成为好士兵，相反，玩枪只会培养一种对优越感的错误态度）；但是父母可以教会孩子们，玩枪的真正意义是什么，他们可以教孩子更好的方法，发挥自己的优越性，证明自己的价值。

如果父母提供了这样的帮助，孩子们就可以成为他们小群体中的"中流砥柱"。他可以向伙伴们传播从父母那里学到的道德价值观念。我们没办法阻止孩子们了解战争的可怕，但是我们可以跟他们讨论民主和自由的理念。我们可以让孩子们理解，斗争并不是建立优越性的一种有效的方式，但却是自卫的一种必要手段。孩子们会找到合适的方法消除摩擦，如此才能发展出足够的强大和自信，去抵抗受到的攻击和伤害。

父母干预孩子间的竞争多半相当有害。如果摩擦产生于家庭内部，父母的干预则会使竞争更加激烈，反而会加剧孩子们之间进行斗争，因为这给他们提供了很多获得关注的机会。如果竞争发生在家庭之外，父母的影响其实根本不能减少紧张状态，相反会削弱孩子自行处理好事情的能力。当然，如果出现了紧急情况，为了安全起见，可以暂时把教育撇在一边。然而，威胁孩子们的生命安全的事故比那些胆怯的父母所认为的要少得多。如果兄弟姐妹之间吵架了，不要觉得他们会互相残杀。我喜欢把两个之前打得不可开交的孩子单独留到一个房间里，然后说："我想看看你们两个谁会活着出来！"通常这个策略很有用。不一会儿，两个孩子不是坐着，就是和颜悦色地在一块儿玩起来了。

确实，养育孩子不是一件容易的事。我们知道应该对父母有一点同情心。如果只有一个孩子，他可能会活在一个四周都是巨人的艰难环境中。如果有两个孩子，那么两个孩子会进行激烈的竞争，孩子们会经常争吵不休、打架不停。如果有三个孩子，其中一个孩子始终都在中间，而且他还会把他的地位和老大及老小进行比较，会很容易觉得自己被忽视。如果有四个孩子呢，通常我们会发现分成了两派，互相敌对，不过，我们也会发现，有四个孩子的话情况就好多了。但是，怎么能指望生四个孩子来解决所有的问题呢？

所以，我们必须对那些父母，或者至少对那可怜的母亲表示同情，因为父亲往往会倾向于从养育孩子的任务中抽身，因为这份工作可比日常工作烦人多了。父母自己才是真正的问题所在，而不是孩子。我们必须帮助父母，这样他们才能够享受作为人类能经历的极致体验——生儿育女。所有享受有孩子生活的人都愿意付出相应的代价——守在生病孩子的床前不眠不休；当孩子们面临危险时，恐惧不已、担心万分；如果孩子失败了，倍感失望和担忧。看着孩子们长大成人是一个前所未有的体验，可以逆转时间；我们失去的每一年都可以被孩子们所拥有。我们自己退位让贤，让孩子继续我们尚未完成的事业，我们以此来得到补偿，这不是为了我们个人的期待和声望，而是为了坚持我们自己的理想和信念，坚持我们认为应该得到的一切。通过我们的孩子，我们设想未来，只有通过这样的未来，我们才能对今天的所作所为做出评判。

本章要点回顾（最触动你的文字有）：

第九章
解决性别困惑

个体的力量

很少有人能够意识到，他们为了解决当今的个人问题而付出的努力会激发一次社会演变，而这样的社会演变，可能最终将会为许多有关性和婚姻生活中那些令人沮丧的问题找到适当的答案。就在我们应付日常的任务、试着养活我们自己时，就在我们寻求爱、结婚，并且享受友谊、参与各种各样的活动之时，可能我们并没有思考过未来——而这些活动本身就是在创造未来。我们中的每一个人都在做着塑造未来新世界的事。每一个男人、每一个女人，正有意识或不自觉地，处于进化中至关重要的环节。我们中的绝大多数人，对于我们个人所能产生的这种巨大力量和影响力却又是多么无知啊！让人感到不可思议的是，很多人认为，只有政治家才能够在社会结构的变化中发挥作用！但实际上，每个人，都可以通过他自己的活动，就算他什么都不做，也是在影响着这种改变，不管他愿不愿意。每一缕思想、每一次行动、每一种信仰、每一次怀疑、每一种渴望、每一个忽视，都是把自己编成一种错综复杂的民意图案的一部分。虽然我们很可能在这张大网上失去我们独特的标识，但是它们都给人类的未来增添了一抹色彩。

我们有关恋爱和婚姻的想法、感觉，也就成了进化过程中的那一股股力量。那些千差万别的思想，正好预示着时代演变的进程。不论是我们想要去进行重铸和改造，还是我们满足于现状，怡然自得，都会对社会演变的发展走向产生影响。我们何时恋爱，我们如何体验性、我们是否结婚、我们如何与配偶相处，以及我们如何看待离婚，不仅对我们自己的生活有一定影响，还对我们同时代的人有着重要的意义。我们会强调某些社会真理，同时也会摒弃一些不喜欢的东西，但是我们始终相信，正是我们在努力地经营着自己的生活。实际上我们需要更加了解自己的身份，在人类为了未来更好的生活而拼搏奋斗的过程中，我们的观点和行为在其中发挥了什么样的作用。我们必须学会对自己的信念和偏好的社会意义有更好的评价。如果能够更好地了解自己的角色，那么我们就可以更好地审视自己的意图，更好地理解与我们的信念产生冲突的同伴所持有的信念。审视他人的态度、理解别人的为人，这是将我们现有的观点，整合成实际的民主进程的至关重要的步骤。

现在让我们回到正题上来，我们热切地希望知道，何为对，何又为错——什么是我们应该做的，什么是我们不该做的。单单出于这一个原因，我们就有必要基本把握进化的趋势，否则在不断变化的潮流中，在相互冲突的价值和道德中，我们极容易迷失方向。接下来我们可以讨论一些最让人恐惧的问题，看看社会发展的总体趋势。

性的困惑

首先就是性的问题，该问题激发了如此之多的关注和讨论。恋爱和婚姻的问题中，没有哪一个会激发出如此之多的争论和观点上的分歧。有些人公开宣称，表示他们支持男性和女性享有平等的"性自由"；还有些人则谴责这是所谓的不道德的行为，有些人会避免表达出任何明确的立场，也许他们说的是一套，但做的却是另一套；有很多人享受着婚外的性自由，却依然坚信"通奸"是一种罪恶。还有些人用其他的方式进行自我欺骗。我听说有一个女孩，她说自己相信自由恋爱，可是却不会这么做！这真是让人百思不得其解！到底什么是对？什么是错呢？

我们为何会这么在意性？似乎这里有一条基本规则，那就是当我们遇到某个问题无法解决时，它就会持续地侵占我们的注意力。不管白天还是黑夜（是的，即便在梦中），我们都会困扰于谜一样的有关性的问题，探索它在生理、人类学以及社会学层次有何表现。我们无数次地尝试着解决这个问题，但每一次的失败又反而会放大它的影响，直到性的问题夸张到了把人类关系的任何一个其他重要的方面都抹杀掉。于是，对很多人来说，性成为很多人生活的象征，也成了生活中的唯一意义。对于那些在恋爱中受挫的人来说，当他们发现自己没办法与异性建立一种良好的人际关系时，性本身就会发展成为某种癫狂的话题。他们的整个人生视角都会被扭曲。

实际上，性只是男女关系中的一个阶段而已。如果只盯着异性的生理功能，就会漠视了人际关系中的人性特质，而只把异性看作是需要去征服的对象或受害者，根本没有把异性当成是和他一样的人。甚至于即使两个人把彼此视为未来的夫妻，他们也往往可以从性吸引力的背后，看到逐渐浮现出的敌对的形象。性的问题之所以令人迷惑不解，正是因为过于重视伴侣的性便利了；而对伴侣的能力、才能和兴趣等，要么完全视而不见，要么只作为性功能之外的点缀而已。

在这个时代，还没有给人类品质充分展现的机会。理解这一点很重要，因为个人或者夫妻二人如今所面临的所有关于婚姻和性的问题，其实都与所处的社会上盛行的传统有关。正是因为如此，一般来说并没有一个放之四海而皆准的解决之道。比如说，宗教、民族和文化概念决定了什么是"得体"①的性。而在有些社会中，婚姻之外的所有亲密性关系，不论从法律层

---

① "所有行为的标准都是相对的，这取决于文化的模式。文化是地方性的、人造的和非常多变的。"鲁思·本尼迪克特：《文化模式》（*Patterns of Culture*），Houghton Mifflin Company，波士顿，1934年。

面还是从道德层面来看都不被接受。有些社会群体认为未婚妈妈是可耻的，对她和她所谓的"私生子"也是持一种排挤的态度，在这样的环境中，保护非婚生子女利益的规定，根本难以执行。

另一方面，我们也可以找到那些持不同观点的群体和社群，他们的观点往往被称作"自由主义"或"现代主义"。虽然他们不得不向法律和公认的道德准则做出一定的妥协让步，但是他们不仅对自由开放的恋爱关系毫不轻蔑，而且还以自己的性解放为荣。所以，有些社会群体丝毫不排斥那些未婚的情侣享受性关系；而在有些社会中，只有男人有权利享受婚外的性体验；还有些社会群体则对除婚姻以外的一切性关系表示谴责。虽然决定性的因素都是由女性在社会中的地位而定，但我们自己也参与制定和维护这些标准。

如果一个女孩问，她到底应不应该和她的未婚夫发生性关系，那么就要将她所处的社会群体的盛行传统以及他们双方对性解放的态度一并考虑在内。只是回答"行"或"不行"并不可取，因为不管回答是什么，她的未来都会受到威胁。不光要考虑到男孩所处的社会传统，还要考虑他个人的成长经历。许多男孩为了让女孩子丧失处子之身而绞尽脑汁，但他们绝不会和一个丧失处子之身的姑娘结婚。向这种人低头，女人就等于丧失了处子之身，并且因为失去处子之身而失去这个男人。然而，也有些男孩对自己的恋爱关系很不确定，只有在做爱之后才觉得与自己的女朋友足够亲密，直到产生这样的亲密时，他们才会结婚；但如果女孩反抗，那么这类男孩可能会怀疑她是不是真的喜欢自己。

那些不同意上述观点的人，一定要认识到当代年轻人的问题。当代年轻人的问题和他们的父母成长的那个年代已经截然不同了。如果我们想要给他们提供帮助，并且给予他们一些指引，必须认识到女性全新的社会地位，以及在过去的二十五年里发展出来的价值观念和道德观念。我们这个时代的年轻人并不是"不道德"，只是他们的道德观念与前几代人不一样了而已。父母都明白这一点，只是他们对新的、让人困扰的事实睁一只眼闭一只眼。母亲们很清楚儿子不会过早结婚，而且很可能在成年后不会保持"纯洁"。她试着不去想他应该怎么做这件事。他到底是应该去追求一个很"开放"的女孩，还是去找一个"保守"的女孩来体验性这回事呢？但是女孩们的母亲通常与男孩们的母亲有着不同的观念。当然很多女孩自己也不知道应该抱有什么想法。她们希望自己的丈夫有一点性爱经历，但是和什么样的女孩呢？此时，她们的脑子都有些乱了。她们不喜欢自己未来的另一半与那些在道德上有些"放荡"的女人有性关系；然而，她们自己是"好"女孩，为了维护自己的纯洁，也不想让自己成为男友性经历对象的其中之一。此外，她们也会对男孩子拥有性经历这一特殊的权利感到愤慨。于是她们就陷入了一场思想的挣扎之中，这场斗争充满了矛盾和纠葛。她们敏锐的观察力与宗教和传统产生了矛盾，她们在理智上的结论与她们的感情也在发生冲突，甚至那些理智的认识也变得越来越奇怪。

这种迷茫反映了我们这一代人的精神惰性，这一代人希望遵守古老的传统的同时，还能够满足新的社会需求，许多人认为爱情生活的谬论都是由这种精神上的懒惰而引起的。我们相信一夫一妻制，与此同时又很厌恶，因为我们渴望变化和多元化。我们把贞洁看得很重要，但对于那些除了"贞洁"之外一无是处的女孩，却又加以鄙视。女孩们为了获得性的满足，会去寻求各种形式，但是又想要保护自己的清白。她们在寻找那些不需要有明确价值观的解决方案过程中，往往会既接受又拒绝，最后她们发现，她们欺骗的不是别人，只是她们自己。

正是因为每个人对自己的看法和意图认识不清，才造成了各种冲突。

所以，需要我们对遭遇的问题进行反思，还要鼓起勇气放弃过往，有意识地朝着对人类有益的目标努力前进。这个理念就是我们能够坚定立场、摆脱困惑、解决内在冲突的前提条件。仅仅依赖规则——道德、伦理或者医学，去解决我们的困境是不够的。我们真正需要的，是要清楚地认识到，当今社会演变的重要方向以及我们自身的行动如何影响社会的演变。

改变的方向

自柏拉图的《理想国》和托马斯·莫尔爵士的《乌托邦》两本著作相继问世以后，又出版了无数想象力丰富的小说，虚构了一个具有完全不同的价值观和原则的世界。从科学上来讲，其实我们无法精确地描述，处于与我们当前的社会秩序完全不同的社会中的人们的生活细节。但是，历史演变的总体趋势指明了当前发展的基本方向。

每一次战争都会使变革的进程加快。由于自我防御这一至关重要的人类需要，人类在战争时期，那些传统和常规都将一扫而空，那些反对进步的声音也逐渐消失不见。一直以来处于潜伏状态的社会势力突然爆发，所以一直以来被长期拖延的某些社会问题变得急迫起来。虽然与第一次世界大战影响的平民人口总量相比，第二次世界大战受波及的人口总数更多，但在社会和经济变化方面，影响却更加深远，尤其是在欧洲。战争影响了妇女的社会地位，让女性体验到了从未有过的社会地位。最近的"二战"又加剧了这一变化。妇女不仅在工业、商业、艺术和科学领域取代了男性的位置，甚至于在军事领域也是如此。而这最后一个领域在过去的几千年里，始终都是男性占主导地位，因此具有特别的意义。女性可以穿上军装，甚至能够成为军官，获得军衔。把妇女编入军队深刻地改变了全国范围内男女之间的关系。而这只是无数变化中的一个，只是它们的结果都恰好差不多。它们无一例外都指向同一个演化目的：男性与女性之间的社会地位和性别角色平等。

不管我们喜不喜欢，我们都需要更加诚实地面对这一事实，那就是这些必然会对美国的战后状况产生影响。美国的男孩在战争服役期间的性体验经历，在很多情况下，和他们在养育过程作为平民生活的经历是完全不同的。在他们的成长环境中，由于社会和法律禁止卖淫——这是女性耻辱的象征，社会认可的性满足方式十分少有。但是在战争期间，特别是那些驻守在欧洲国家的士兵们，却体验到了相当大的"性自由"，这样的经历，会使很多士兵很难恢复到战前在美国盛行的相对严格和清教徒式的传统生活方式当中。

而在军队中服役的女性所遭遇的问题，也大多是新的性别模式所产生的问题。我们不能也不应该一概而论，这一点也是如此，但是我们有必要正视现实。很多女孩被迫离开家乡、脱离了亲人的保护，不再受自己所在的社会群体的规则的约束；同时，她们的男性同伴们持续不断地、坚定地向她们求爱；此外，这些女性被大自然、皎洁的月光或热带的浪漫情调而迷惑，面对寂寞、无望和思乡之情，以及在战场上随时会面临的死亡，被这种阴影所笼罩，生命变得非常低贱，于是女兵们很容易更倾向于享受生活、放肆自己的行为。她们有了一个新的身份：士兵，因此不能再用她们成长过程中始终被教育的羞涩和尴尬来看待性问题了。这个特殊的生存和工作环境使很多女兵表现得更有男人味，能够以更为男子气概的方式和感觉行事。

所有的这些变化对服役的男兵和女兵产生影响的同时，大后方也并不是风平浪静的。战争使男性减少，很多女孩和女人会更多地考虑到，可供她们选择的男人也少了，这一点使她们克服了对贞洁和忠诚的忧虑；更不用说，还有那些注重享乐的女孩们，她们会以"爱国义务"的理由满足回家度假的男孩们的性欲。在性上的道德标准的普遍松懈，使战争时的妻子们的处境更加危险，这一点比夫妻分离带来的痛苦还要深刻。孤独、寂寞、感情和性欲都无法找到宣泄的途径，这已经很难了；更糟的是，她们往往知晓，"他"可能会在战场的某个地方找到了获得性上的满足和欢愉的途径，这让这些军人的妻子失落万分。此外，在社会大环境下，女孩和女人也获得了新的自由，她们可以与男人并肩作战，在战时的工厂里工作，在过去只属于男性的行业和科技行业中，她们也找到了自己的一席之地。她们像男人一样干活儿，打扮得也像个男人，丝毫不理会那些对这种现象恐惧万分的男人们的徒劳反抗，那些男人们仍坚持认为女人应该"守住自己的岗位"，也就是穿裙子而不是穿裤子（裤子曾经一直被视为是男性优越性的象征）。女人们前所未有地开始赚到钱，实现了经济独立，不再需要男人来供养。难怪她们会和男性一样在性生活中有自己的选择和需求，而不只是被动等待，或者通过自身的女性魅力去吸引男人的关注。

变化的夫妻关系

如果我们希望我们这一代人，在面对巨大的婚姻和性的矛盾时能够沉静自如，那么我们就有必要认识和了解已经改变的婚姻关系。如果我们没有清楚地了解到根本性的社会和道德因素，那么夫妻之间，或者恋人之间出现的个人问题就无法理智分析，或彻底解决。男性和女性都会对自己产生抵触情绪，不愿意接受那个真实的自我。他们愈灰心，就愈无法容忍；他们就可能会提出更高的要求和期望，结果他们得到的却更少了。离婚率因此很可能会大幅上升。离婚率上升的原因有很多，比如丈夫和妻子们互相责备；他们还会抱怨彼此的无法包容，或将其归结为经济状况。

将一段破碎的婚姻归咎于两个人之间缺乏了解，或者将婚姻的破裂归咎于夫妻之间过于熟悉一样，这两者其实都是错误的。婚姻在战争时期的失败率和那些相处时间太久的婚姻失败率，两者之间并没有什么区别。**夫妻之间其实都极少意识到，他们的困境既不是因为各自的品性，也不是因为他们的生活条件，而在于当他们原有的感情基础不复存在的时候，他们没办法在彼此之间找到新的平衡点。**每一个挑战婚姻幸福的财务或社会问题都会让他们的内在冲突浮出水面。他们对丈夫或妻子应该承担的职能理解不同；他们对彼此之间产生了过多的期望和要求，可能对方根本不愿意也没办法满足。反过来，离婚率的不断攀升，也使男性和女性更加敏感，对安全感的需求也更高。

不道德vs新道德

将这些变化归类为"道德恶化"是不公平的。战争的确总是使人们的道德观念有所松动，这是事实。这一点在刚过去的战争中也同样如此，有人可能会认为当前的状况只是一次"道德恶化"的暂时现象。但是这一次的社会变化，其实远远不止如此。极有可能，我们再也恢复不到过去的"正常"了，因为现在的这些变化反映出来的不仅仅是道德上的松动；道德上的松动，其实只是道德价值观本身的变化指标而已，它们反映的是女性在社会中新的地位，也是男性和女性之间一种新的关系模式，并且全新地阐述了性所代表的生理和社会意义,至少在大城市是如此。而在一战期间和一战之后,年轻女孩在性上的犯罪率增加了,二战结束后情况也一样。但是两者最根本的不同之处在于:二十五年前被捕的那些女孩们对自己的违法犯罪行为认罪伏法。而如今,因同样的行为被捕时,这些女孩勇敢对抗,声称其他人没有权利干涉她们的个人私事。她们坚称,她们可以用自己的身体想做什么就做什么。今天的性犯罪就像过去一样,是一种反社会行为,而所谓的不道德行为,如今和二十五年前也是一样存在的。但是现在,犯罪和不道德之间的边界越来越模糊,难以区分,因为整个人类的道德观念都在变化,当今社会中的性行为模式,不应该也不能与二十五年前的标准相提并论,因为这二十五年来,我们的社会已有了翻天覆地的改变。①当然,有些性行为依然还会让当今社会的每一个群体谴责;然而,现在很多其他的性行为模式,会被某个群体视为是"得体"的,同时却被另一个社会群体认为是"不道德"的。

有一个因素让我们很难准确地评估性标准:我们文化中的社会传统通常在涉及性和道德的时候,总是存在着双重的标准。几乎每一个人都认为自己的性行为可能在他们的亲朋好友和同事看来,是无法容忍的,而与此同时,他也会对亲朋好友的性行为方式进行谴责。在过去的社会中,男女之事的公开与秘密的双重标准,是男女之别,是男女之分,是针对性别的双重标准。它的存在,其实是为了维护男性的特殊优越地位。一些不能公开的事情,却可以拿出来吹嘘炫耀。所谓的"得体行为"满足大众的期望,实际上是对另一半人——女性的道德和行为进行严厉

---

① "我们的文化必须应对眼前就要没落的文化标准,和即将摆脱阴霾的新标准。我们必须愿意考虑到不断变化的正常状态,尽管问题具有我们被教会的道德观的性质"。鲁斯·本尼迪克特:《文化模式》(*Patterns of Culture*),Houghton Mifflin Company,波士顿,1934年。第242页。

的规制。

随着女性获得地位上的平等，这种双重标准就失去了意义。因此，现在我们可以在不损害社会秩序的情况下，将一些事情进行公开讨论。印第安纳州立大学、美国国家研究委员会医学部、洛克菲勒基金会医学分部资助了阿尔弗雷德·金赛（Albfred Kinsey）博士的一项长期研究项目，这个项目旨在对各个阶层、职业和年龄的男女进行性行为调查。这个项目可能是有史以来第一次揭示人们的真实性行为。那些一直严守传统的人们，可能会对项目报告所揭示的现实震惊不已。但是，所披露的这些事实，其实只是我们这个社会道德观念总体变化的一小步而已。这些变化体现在人们的实际行为上，而不是人们的语言中。

性别困惑是世界困惑的一部分

有关婚姻的困惑，只是被称为"战后时期"所特有的文化阶段中所有困惑的一个方面而已。社会在整体上正面临着政治、经济、劳动、宗教和种族上的冲突和问题，如果人类想要生存，这些问题不容逃避。到目前为止，我们依然觉得没办法成功地解决这些问题。实际上，战后的问题与战前遇到的问题甚至于战争期间遇到的问题没有什么不同。甚至战争本身，就是人与人之间、群体与群体之间的宁静与和谐受到破坏的根本冲突的结果。但是让我们觉得痛苦和挣扎的这些经历，都是为社会平等所做出的努力。夫妻之间的冲突仅仅是这一努力过程中的一个方面。

社会向平等迈进

的确，在当今社会，人人平等是当务之急。虽然说，男女之间平等关系的建立将对整个婚姻体系，对两性和爱情的人际关系结构影响深远，但是平等绝不仅仅限于男女关系。平等将是今天我们整个人类努力的最终奖赏。世界是两种势力的交汇之地：较强大的力量想要维持他们的权力；而弱势的力量则在寻求自己的影响力。强势的一方需要确信，这个社会始终都存在着统治者和奴仆的角色，确信只能通过武力和威胁才能维持秩序。而弱势的一方则拒绝相信这样的意识形态。弱势一方，正在为全体人类的平等权利而抗争——为了全体人类的人格尊严和相互尊重，为了全体人类的相互扶持、相互协助。他们相信基本的人类平等权——不受任何个人、国家，以及种族差异的影响。

国籍、种族和宗教信仰的差异会一直存在；但是，如果这些不同被视为人类这幅画卷上多彩的贡献，被看作是文化历史的宝贵的一部分，那么它们就不会被社会文化或道德标准歧视。那些对人性没有任何信仰的人，那些希望压制并严格管制人性的人，他们其实是社会进步的阻碍，他们想要阻挡历史车轮的前进。他们相信男人生来就是主宰，一旦他们掌握了权力，就会成功地剥夺女性过去千辛万苦才得以获得的所有权利。他们相信要靠棍棒教育孩子，根本不承认也没办法对孩子们受到的屈辱感同身受。他们蔑视其他民族和种族，蔑视平民，他们只承认自己的头脑才是大智慧。他们认为任何有关平等的想法只是"白日做梦"，是"永远都没办法实现的幻想"。他们的"现实主义"非常强大，因为他们就是现在的当权者。

人类的统一与平等化

然而，人类的历史将这些人的基本假设批驳得体无完肤。人类从来没有体验过真正的平等，这一点毋庸置疑，即每个社会成员的社会地位都应平等。但是"进步"始终都意味着"平等化"。"平等"是一个社会术语，意味着每个人都享有同等的社会地位。

人类社会进步发展，社会群体不断扩张，不同的社会群体之间相互认识和接纳，形成了一个新的社会群体。人类首先被划分成家庭、亲族和部落。任何一个非所属团体的人，就会被视为"外人"，外人在本群体内是没有地位的，没有"平等"可言。群体会融合成更大的"单位"；而且随着人类定居，宗族和部落渐渐被新的社会群体组织所取代，例如，在同一个地区内，各家庭和亲族的成员逐渐团结起来，大家都成了这个新社会团体中有资格的公民，每个人基本都是"平等的"。[1]

这就是我们这个社会文明的开端。一个或几个小村庄组成的社会群体，渐渐扩大成了国家，甚至更为强大的帝国，虽然多数情况下，是通过武力或征服其他国家的形式形成帝国的。在所有这些社会群体结构中，内部矛盾依然存在。随着人类通过立法的形式被紧密地联系在一起，他们被迫需要互相尊重并接纳彼此。但在这些社会群体内，先前宗族部落式的、相对封闭的、密切联系的社会单位基本上早已不复存在。这些由不同家庭组成的成员，组成了一个国家的公民同胞，他们不能再像以前那样互相残杀，但是彼此之间的友谊和合作依然比较有限。公民之间不再有身体上的伤害，

---

[1] 亨利·J. 梅因（Henry J. Maine）：《古代法律》（*Ancient Law*），J. Murray，伦敦，1906年。

但是他们依然可能会虐待、相互欺骗和利用。人际关系中的这些战争，迫使人们采用新的自卫手段，这大概就是现在男人们用脑多于用拳头的驱动力量之一吧。

人与人之间的关系常常是一种非常奇特的朋友和仇敌的结合。这种类型的人类关系，具有整个"文明"社会的特点，甚至于在一个家庭内部最亲密的关系之内都能存在。

千百年以来，建立在相互利用基础之上的人性，其实在人类相互关系上的进步作用非常小，很多时候对人类未来的进步造成了破坏作用。对此我们不免要问，如果今天的人要遭受以往人类不曾遭遇过的苦难，如果战争带来的复仇和威胁，比以往任何时代都更加残暴，更具破坏性，那么我们这个社会的一切进步，所有这些科技上的进步究竟带来了什么成果呢？如果将我们现代的文明与古希腊时候的文明进行对比，我们就会发现，其实人类取得的进步小得可怜。古代社会不能形成新的社会秩序、当时的人类没办法获得新的进步，其中一个重要的原因就在于，我们不能从社会群体内部清除"敌人"。当时的社会属于奴隶社会，它不允许、不接受平等的人权，然而，类似于基督教的思想产生时间，平等的观念也一样——在中世纪时就已经创造出来了，并且在中世纪人类文化分崩离析之时，依然幸存了下来。[①]直到文艺复兴时期，才逐渐恢复了古代社会的文化水平。

此后，人类见证了快速的发展。尤其是当科学和技术使人与人之间比以往任何时候都更加亲近的时候，相互融合的基本趋势逐渐加快。距离越

---

① 人类平等的想法最初产生于希腊斯多葛派哲学的影响，后来由罗马法律促进，最后被早期的基督教付诸实践。在《加拉太书》第三章二十八节里谈及，在上帝面前人人平等。柏拉图和后来的罗马律师也对性平等进行过描述。在公元四世纪，奥古斯丁预定论获得胜利，阻碍了斯多葛派基督教人类平等想法的发展，并建立了中世纪正教。根据中世纪正教的说法，世间的不平等是上帝的安排，是作为上帝旨意的衰亡的结果。《社会科学百科全书》（Encyclopaedia of the Social Sciences），第五卷。

来越近，整个文明化的世界成了一个社会群体单位，首先是知识和艺术领域开始融合，最近则是在经济上的共同融合，不过在政治上目前还没有开始。帝国再一次崛起，覆盖了全球。今天，世界是个整体——一个人类大家庭这样的理念越来越为人们所接受。我们都属于一个整体，不论肤色、不分种族、不分信仰、不分文化，甚至不论人类各自的文明程度。不论地球的某个角落发生了什么，其影响范围是整个人类。随着融合的不断加深，人们的差距也在不断地缩小。如法国封建主义制度的终结、俄罗斯发生革命、《人权法案》的颁布和美国南北战争，都是解放所有弱势群体的里程碑。人权观念使人们认识到劳动者、儿童、妇女和所有种族的权利。

然而以往被压制群体的不断崛起，激起了反对势力的反抗。平等，对一个群体来说是诺言，对另一个群体来说就是威胁。随着女性平等权益的日益改善，两性之间的竞争却在不断增强，所以，通常情况下，一个社会群体解放了，所有认为自己的特权地位会就此受到危及的人的怒火会被点燃。结果，整个社会的竞争都在不断加剧，最终引发了最为激烈、最残酷的战争，威胁到整个文明，甚至整个人类的生存，然而，这样的回应其实没有赢家。时间的车轮永远不可能倒退，除非整个文明社会崩盘重来。毁灭整个文明是有可能的——人类在历史上经常发生这样的破坏，但历史上从未出现过一个发展时期，其新建立的文化是对先前文化的简单重复。当今的社会发生了翻天覆地的变化，人类无法回到先前的社会，那时劳动者、妇女和所有种族都能享有社会地位和完全的公民权。我们不是毁灭，就是去创造真正的平等，这是民主的基本前提。必定会出现一种新秩序，它将会以更多的实践去赋予这个世界新的意义，而不仅仅只停留在理论层面。

民主的生活

此时，我们似乎有必要探索民主的真正含义。民主这个词使用得如此频繁，但我们一直没有仔细地探查它的真正含义，也没有考查它在我们的家中，在职场上，在政治和社会活动中对我们所有人的实际内涵。事实上，"民主"这个词的定义既明确又简单。在希腊，民主就是字面意义上的"人民的规则"。而在政治民主中，人民即是国家。人民指的就是你和我，是指每一个男男女女。在民主条件下，不管是有色人种还是白人，是劳工还是老板，是富有还是贫穷，是犹太人还是非犹太人，是妇女还是男性，每一个人的地位都同样至高无上，可以享有一切尊严和尊重。

社会平等最大的敌人就是偏见，偏见存在于种族、宗教信仰、社会或国家之中。偏见让我们在人与人之间、公民与公民之间建造了一堵墙，使人们无法认同对方的尊严和相互尊重。偏见其实是建立在恐惧和不信任之上，它也阻碍着归属感的形成，阻碍着公民之间的联合，使人类之间的合作和和谐难以企及。反对压迫和迫害，为争取自由而进行的种种斗争，都是在整个社会范围内进行的，这一现象不仅在欧洲和亚洲，在美国也是如此。人们在大部分的领域里认识到斗争，并选择自己的立场。所有的斗争都是错综复杂而艰巨的，也是混乱和令人迷惑不解的。然而，参与斗争的各方都很清楚游戏的规则，那些身处斗争之外的人群也在屏住呼吸等待结果，这个结果可以决定每个人的命运。我们都知道，工人与管理层之间以往达成的停战协定是多么不牢靠，随时都有可能在公开的斗争中被双方撕毁。人们在努力争取平等就业的权利，目的就是为了给有色人种平等工作的机会。

当今，美国面临着一个严峻的事实，那就是战争已经结束，而无视这一事实毫无意义。政府和人民共同关注的焦点，就是要在全世界建立一个让所有人都能够和平、繁荣发展的社会。这样的重建计划，不仅涉及政治领域，还涵盖经济领域；不仅涉及战败国和因战争受创的被占领国，甚至还涉及包括美国在内的全世界。建立平等的人权不仅仅限于在欧洲或亚洲，我们还需要寻找一种政治、经济和人际关系的方式，以适应美国目前的社会状况。

然而，只有少数人认识到我们依然需要克服另一种形式的歧视，正是这样的歧视，才妨碍人类建立一个整体，并深入每一个家庭之中，尤其是在最亲密的关系——夫妻之间、父母之间表现得最为明显。这是一种潜藏的威胁，因为许多人还没完全意识到他们在发生冲突，在彼此竞争，这个歧视甚至牵扯到了几百年传统文化中亲密关系和个人关系的改变。这一冲突不仅影响男人和女人之间的关系，还破坏着母亲和女儿之间的关系，干扰着女孩们之间的友谊，因为她们正好站在了两个敌对的阵营之中。若要真正建立平等的人权，女性的完全解放必不可少。如果要走回头路，回到男权统治的社会，这无疑是法西斯主义。

平等这一概念发展的趋势愈演愈烈，如此才能防止我们的社会倒退到男性支配的状态——不论反抗的势力有多大，有多么拼命反抗，无论要经历多少次的起起伏伏。与此同时，这并不意味着女人有机会在社会中变成主导性别。正如男性专制社会与平等理念相违背，最终将会一事无成一样，女性专制也违背了平等的理念，其结果也是徒劳无功的。惊慌失措的男人们可能会暂时借助某些社会群体的力量，压制女性的正当权利，去对抗这种变化的发生，目的是为了压制不同种族、不同宗教派别，和出现的一切形式的平等做斗争。然而，坚持压迫别人，就必然会导致毁灭，避无可避。这样的人必须时时刻刻保持警惕，必须持续抵御压迫者对自己权利的主张。然而，在他们的防御过程中，不论他们建构起什么样的心理或实际的攻击体系，这些都不足以维护他们至高无上的绝对霸权。恐惧是对他们的惩罚，因为他们不相信同胞，因此失去了本质上的安全感，而安全感只有在与他人融合，并且被同胞接受的过程中，才有可能感受得到。

为了保证自己的优越感，人们所构建的所有计划和防御机制，其实都是跟我们的幸福与和谐背道而驰的——因为不论过去还是现在，幸福和和谐才是人们最深层的渴望，人们努力工作、抗争、生活、死亡皆为此愿。而所有的人类在没有武力、没有压迫的情况下共同生活的理念，才是人类进化的明显趋势，反对这个演变趋势的人必将灭亡，而与他有关的记忆将从地球上抹去。[1]随着人类对自然的征服继续，随着社会调整的不断进步，人们在满足他们的基本需要的时候将会遇到越来越少的困难和挫折，吝啬和恐惧也会逐渐削弱，大方和善意将变得更强——平等这一观念的力量将更加深入人心。

女性对进步的贡献

那么我们中的每一个人，该如何为人类的进步贡献自己的绵薄之力呢？似乎只能由我们自己，在我们与他人相处中，在我们自己的家庭中才能够作出最有力的贡献。相比较男人而言，当性和婚姻出现困惑时，女人

---

[1] 阿尔弗雷德·阿德勒（Alfred Adler）：《社会利益：对人类的挑战》（*Social Interest: A Challenge to Mankind*），G. P. Putnam's Sons，纽约，1940年。

更容易看清楚这些紧迫问题背后的真正含义。男性的自尊心使他们无法坦然面对自己的态度和行为背后的动机，更具体地说，男性根本不愿意承认，对于一直以来受他们支配的女性群体的平等权利日益增长，他们其实心怀恐惧和不安。而女性呢，虽然她们过去失败了，但是她们更懂得这个问题的本质。为此，女人在争取平等的全面斗争中，将发挥最大的作用，尤其是在争取和平与和谐的性的斗争中，女性的作用不可限量。

女性是我们这个社会的一部分，是经济发展的推动者，我们在社会生活中必须认识到她们的责任，否则她们可能还是无法逃脱被奴役的命运，这妨碍了人类平等的进程，因为这个进程对世界上的每个人来说都是相当重要的。女性在政治上的参与，很可能不会直接、即刻影响我们当今时代的政治情势。她们在成长过程中接受的教育，她们的家庭条件以及自己个人的成长历程，可能会让她们要么保守，要么激进。但是如果女性能够积极地参与政治，不仅参与投票，而且参与法律的制定，那么她们的影响是深远的。自从女性进入工厂工作，工厂的氛围在很多方面都改变了，如果男女代表的人数相等，那么国会的局面将完全不同。这样的变化对女性群体是有好处的。每次女性积极参与政治斗争——如参与许多国家的地下运动——她们都会激发人们的激情，给人带来鼓舞。大多数时候，当男人为了权力、名誉和个人的优越性而战时，女性参与政治斗争，会是一种良性的对抗和平衡。男人和女人在两性混杂的群体中的表现，与只有一个性别参与的群体中的表现截然不同。例如，立法机构的职能很可能会有所改进，就像男女对教育事业的促进作用一样。

当女性要求政治权利人人平等，更加关心人类的事务，更关心经济、政治、公共和公民事务之时，她们不仅仅是在为她们自己的性别服务，她们其实是在为这个整体人类社会服务。要证明女性能够做胜任男性的工作，已经不是什么问题了——证据已然成为历史。现在该承担责任了，再也不是让女性放弃自己的公民责任的时候了。女性能否获得全部的社会和政治地位，在我们这个国家究竟是进步的力量还是反动的势力将会取得胜利，完全取决于我们自己，取决于我们的勇气和决心，还取决于女性是只对与自己息息相关的活动感兴趣，还是对社会的兴趣浓厚到可以关心每个人所面临的问题？

一旦女性开始完全涉足公共事务当中，我们可以期待将会带来的影响是积极健康的，其中一个原因就在于，过去她们是被禁止参与这些事务的。通常，那些饱受歧视、人权遭到剥夺或者受到限制、地位低下和始终屈从的人，往往能够对社会关系的本质有更敏锐的认识，并且对不公正尤为敏感。如果她们屈从于自己的命运，那她们就是社会进步的拦路虎，但是只要她们解放了自己，就可以推动社会的进步，向更深更远持续迈进，她们也可以享有更好、更健康的发展环境。

迈向新文化

若要使男女之间的未来关系更加形象地展现在我们面前，我们需要理解这个实现平等的演化过程。新型人类关系以相互理解和相互扶持为基础，需要一种深厚的友谊精神，这种精神能够取代恐惧和猜忌，使男性和女性都尊重对方的人权和尊严，从而让男人和女人和平相处。然而在进化过程中，那些爱猜忌的人会阻碍迈向相互合作的进程，他们怀疑人类之间，是否能够做到绝对的友好并真正地从中受益。在他们看来，爱情和性之中始终蕴藏着敌意和斗争。他们不仅要怀疑性别平等是否可行，还会质疑人类克服他们"天生"的敌意和侵略性的能力。没有嫉妒调拌的爱情,在他们看来是不可想象的;不带暴力的性兴奋也是完全不现实的。

人类在心理上、情感上,真的能够实现真正的善意和诚挚的社会兴趣吗?当我们想到当今社会的同胞时,我们可能不自觉就想到了一个消极的回答。但是,我们必须意识到,今天的人类可能正处于最坏的时代,没有社会和谐可言。人们知道,今天人类之间的社会关系受到比以往更多的限制,因为我们正生活在文化的两个阶段,而且今天的我们正在体验前所未有的全新的人际关系平衡。这种平衡的特点表现为相互归属的感觉,基于我们全新的合作和平等概念。社会和经济的发展的需要开启了这种平衡,这种平衡必然产生了新的社会和经济条件,而这些条件带来的影响和作用是空前的。

明天的男性

我们并非凭空推测出人类未来在精神、道德、智力上的发展。当今有关个体的心理学知识让我们能够具体评价人类的实际或"固有"的能力。现在,不论人类的道德觉悟程度和智慧水平如何,关于人性是善还是恶的问题,我们已经可以回答,我们意识到,情绪可以改变这个事实,也已经意识到人类对未来发展信心十足的事实,但这些并不是空想家和不切实际的浪漫主义者凭空编造出来或幻想出来的。

在社会学理论和概念这块,心理学和精神病学功不可没。对个体的详细分析(尤其是孩子),揭示了一个惊人的事实,即每个人,无一例外都掌握着数以百计的各项能力,只是还有不计其数的天赋尚未被挖掘出来,甚至在感知之前就被埋没了。一切阻碍个人培养适应和发展能力的因素，都是人力原因，是因为我们所有人在童年时严重受挫。我们如今对孩子的教育方法只是在知识和艺术这两个领域稍稍比原始人进步了一点点而已。许多野蛮部落在情绪教育——培养勇气、自信心和增强忍耐力，这些方面甚至远远超过我们当今顶尖教育家的设想。

我们把文化和文明教给孩子们；也就是教他们读和写，如何计数，并掌握其他的很多项技能；但是我们却不教孩子们如何与其他人相处。相反，我们正在浇灭他们的勇气。文明的诅咒，正在将我们最亲近的人变成我们的敌人，而我们在襁褓中、在学校里、在家庭中无形中就学到了这些。孩子们的各种潜能也被扼杀在了他们最初的探索中。当孩子们需要协助时，他们得到的常常是误解、忽视和挫败，他们最基本的，也最为重要的需求都没法得到满足。他们在成年人的自私和占有欲面前，又怎么可能建立起自信以及培养社会兴趣呢？在如此恶劣的条件下，我们面对着各种不同的状况还能成长，并且依然保留我们现在的文明，那说明人类的天赋是多么得强大呀！①然而，我们还是没有学会成熟，虽然我们看起来已经长大成人，而且有了尊严，但是在那薄薄的外壳底下，几乎每个人都会发现自己还是一个小孩，被溺爱、受到惊吓、不安全和充满胆怯。这一点，谁能否认？

我们在心理疗法和对孩子的指导中，见识到了如果没有治疗和引导，那么这些宝贵的品质将永远也不可能被开发出来。尤其是儿童在新的刺激和鼓励下，智力会突然开发、艺术或道德上也开始发展。即使这样的体验比较少见，也不重要，因为仅仅只有少数人曾经接受过心理治疗，而且并

---

① "萨摩亚的社会文化背景，使得成长变得简单轻松，这就是整个社会总体平心静气。"玛格丽特·米德（Margaret Mead）：《萨摩亚人的成年》（*Coming of Age in Samoa*），William Morrow and Company，纽约，1928年。

不是所有人接受了心理治疗后，都获得了良好的效果，这是因为人们并不一定真正会去改变环境和态度。尽管如此，这样的再教育经历依然反驳某些人的观点，即我们的态度是不现实的，我们的干预也过于积极。

人类学也为人类隐藏的潜能提供了部分证据。在过去的25000年里，人类的生理其实经历的变化非常小。我们的大脑与史前克罗马农人的大脑几乎相差无几，但是大脑的功能却发生了变化。让人类的大脑执行今天的功能花费了我们大量的时间和精力；但是大脑的这些能力其实数千年前就已经存在了。这种从较低阶段到更高阶段的突然发展，在历史上曾经发生过好几次。当今，人们很清楚这一点。生活在地球边陲的野蛮部落，因为尚未经历过人类文明的洗礼，依然保持着未开化、粗野和落后的状态；而我们生活中拥有的艺术和科学将我们与他们划分开来。但是，如果我们将其中一个野蛮人带到我们的文明社会，他能够掌握在他的族人看来不可思议的技能，发展出无法想象的心理能力。在他所处的自然环境中，这些素质和潜能是无法预估的，如果他一直生活在那里，就绝不会发展出这些素质和潜能。从生物学和基因的角度来看，他其实与生活在那里，比如和他的非洲的族人没有什么差别。如今，在这些"土著居民"的后代当中——只经过了几代——我们也会找到达到最高智慧的人。他们中也有科学家、艺术家、男女专业人士等。即便是他们中的一些智力不足者，也能学会读书写字，甚至于习得他们丛林中那些最心灵手巧的祖先永远也不可能掌握的艺术能力。想要达到更高的文化水平，其实大脑的改变不是必然的，内在的品质也无须改变。对于这些群体来说如此，其他群体也不例外。

我们的孩子向我们证明了他们有着很强的学习潜能，在他们的生命早期，只需要付出很少的努力，就可以掌握那些需要我们成年人耗费巨大力气才能掌握的技能和能力。孩子们在智力、道德和情绪上的潜能没有完全发挥出来，并不是因为他们自己，而是因为那些指导他们心灵的人。沃森[①]就曾经徒劳地想要让所有人都承认这个事实，但最终还是以失败告终，因为他只在结构上进行考虑，仿佛儿童的行为只是对外在刺激或激发的单纯的反应而已。要取得进展，不仅需要实际和具体事件，而且每一种品质、每一种限制都反映了这个单独的个体在他所处的社会群体中的作用。我们不仅缺少教育子女的技能，而且缺少全面的社会精神，促进孩子潜力的发展。所有影响孩子发展的因素，不管是积极的还是消极的，都是我们总体的社会精神。所以，孩子们要成为什么样的人，应当归因于人们如何对待竞争精神、恐惧和敌意，而不仅仅是因为他们的基因。

　　如果人类能够生活在让他们有社会感、愿意合作的环境当中，那么——也只有在此时，我们的孩子，整个下一代，才享有公平的机会去发展他们在道德和情绪上的全部潜力。这时，很有可能新型的人类就产生了，他们和我们这一代从原始部落走出来的野蛮人不同。我们可能会假设，未来的人类的特点将会是：他们更有社会兴趣，更有责任感，也不再过度关注自己的愉悦和个人的名誉。他们的智力可以轻易就达到甚至超越我们这个时代的少数天才。当今的天才，作为个体，已经战胜了整个社会和文化施加给他们的全部障碍。他们智力上的发展，很可能恰好也伴随着情绪上的成熟；那些攻击性的情绪，不再会被误解为天然的"冲动"，而只是适应不良的人类的一种表达自我的"工具"。当我们的情绪在个体生活的过程中发生改变、日渐成熟时，我们的情绪也会发生在人类的整体成熟过程中。

　　到那时，爱这种情绪也可能会与今天的人类的体验相当不同。当男人和女人之间的关系中占有欲、攻击性和竞争性这些元素消失殆尽时，嫉妒

---

① 约翰·B.沃森（John B. Watson）：《行为主义》（*Behaviorism*），W. W. Norton& Company，纽约，1925年。

也将没有容身之地。甚至性唤起的模式也会发生根本改变，因为我们知道，即使是同样的人，受到性刺激后，生理和情绪反应的变化也是多种多样的。今天，熟悉感和一成不变经常会把性欲抹杀掉，但如果爱的情绪发生变化，这种抹杀也就会停止了。

这样的新型关系会引发性的放纵——这类预言不可能成真，因为我们尚不能明显发现，如果两个人认为与自己的愉悦和成功相比，价值观和兴趣要更重要，他们之间的关系是否会引起性的放纵。

一夫一妻制的挑战

一旦"性"开始纯化，不再是两性关系和社会关系的一种侵入性的元素，那么这个永恒的问题——人类是否能够真正实现一夫一妻制、人类的本性是否允许或者需要这样的模式——就有了答案。现在摆在我们面前的事实是，因为基督教的原因，在过去的两千年里，欧美这些国家的人民一直都对一夫多妻制嗤之以鼻，要求在婚姻关系中彼此忠诚，但是，真正的历史潮流中，一夫一妻制可能从未是两性关系的常态，而且甚至到现在也从未被牢固地建立起来。虽然法律规定实行一夫一妻制，但这种实行只是名义上而已。社会中统治阶层会给自己设定性特权，让一夫一妻制形同虚设。只要在社会上，人们依然认为一个性别优于另一个性别，并享有特权，那就根本不可能建立真正的一夫一妻制。但是一旦男女之间建立了真正的平等，他们之间就能够，而且很有可能会建立一种独特的关系。只有到那个时候，一夫一妻制才真正发挥它的价值，也只有到此时，人类才会发现，一夫一妻制究竟是会增强人类的幸福和自我表达，还是会有所限制。

我们知道，人类在精神和情感上的真正需求，反映了人们深切渴望一夫一妻制关系。两个人之间这种亲密无间的专属关系，很有可能是两个人之间最为亲密的融合关系，它让两个人能够产生最深刻、最完全的归属感。然而，如果人们将一夫一妻制视为一种责任，视为道德上的义务，那么就无法实现这样的融合。未来的婚姻制度很有可能截然不同——不再受到道德上的污点或者是"法律"的惩罚，而是两个自由的、平等的个体之间的契约。夫妻双方都有与对方在一起的权利，这是他们自己的选择，而非出于他们的义务。当他们一起生活时，双方都有权利做他最喜欢的事情，但是也会尽量避免对方不喜欢的事情。

建设性的态度

只有这样，这个世界性的大问题就与我们日常生活中的性和婚姻问题建立了联系。就在我们最亲密的关系当中，我们看到了这个时代最根本的问题。要想解决当前的每个具体问题，就需要我们整体解决社会问题时，抱有一种态度——勇气和责任感。恐惧和悲观主义会增加危险，会导致压迫和武力，会激发敌意和战争。而如果责备个体和社会条件，只会让人们更加困惑，让问题更加难解。但是，如果我们不能真正地理解这些问题，那么我们就不能鼓起勇气，去做出有效的行动，也不能在做出决定的时候肩负起自己的责任。[①]必须通过教育来促进政治和经济上的进步，需要消除对本国人民的陈旧观念和态度。教育不仅要影响夫妻，还要影响他们的孩

---

① 尽管在下一代中建立新的正常状态的过程，从来没有被系统地、建设性地引导过，但约翰·杜威（John Dewey）认为，这种"社会工程"是可能的、激烈的。《人性与行为》（*Human Nature and Conduct*），Henry Holt & Company，纽约，1922年。

子，帮助他们重新解决社会生活中出现的全新的根本问题。我们必须从每个家庭，直到全体人类，全面认清自身的能力与责任。

但是，我们依然需要认识到，我们正处于新旧文化的临界点。新的道德观念与科技概念中的根本性变革是相辅相成的。技术的进步、核能的利用和掌握，正改变着我们的工业生产能力，也为我们提供了前所未有的力量去超越自然，从而符合新的社会结构。我们虽然经历过辛苦劳作的痛苦，但却远不会让我们对进步失去信心，因为这些艰辛只是表明旧的力量正感到自己在受到深刻的挑战。我们需要教育，才能让人们意识到在物理，以及在社会学等所有领域内进行新的科学研究的意义。随着我们的知识越来越触及更加基本的事实，所有学科正前所未有地整合起来。有关宇宙的新画面已经浮现，正同样对技术、社会、宗教和道德观念产生影响。

与性和平相处

随着人际关系的其他元素变得越来越重要，性的功能将会发生改变。对彼此的责任感，正在进一步深化和发展，肉体的结合则是两人灵魂的融合。当我们控制了自己的情感而不是做情绪的奴仆时，性爱将变成自我表达和沟通的工具，而不是强大的折磨和惩罚。

虽然我们正在经受着活生生的苦难和困惑，但是，我们也是下一代新型人类——更加完善成熟，更加强大，且被灌输了更加深远文化的一代人的前辈。当我们努力奋斗时，我们打开了新世界的大门；正是因为我们的苦难，我们创造了一个全新的世界。我们对性和其他社会问题的态度，就表现为我们作出贡献，去改变这个世界。要认识到这一点，我们必须承担为了未来发展个人所需要的全部责任，这个责任虽然与过去无关，却关系到未来的发展。如果我们能够认同这个观点，我们将会对自己生活问题产生不同的看法。对可能性的一窥，就足以改变我们的处境。

本章要点回顾（最触动你的文字有）：

N